エンジニア入門シリーズ

ブロックチェーンの基礎からわかる
スマートコントラクトの
セキュリティ入門

[著]

大阪大学

矢内 直人

加道 ちひろ

奈良工業高等専門学校

岡村 真吾

科学情報出版株式会社

目　次

1
はじめに

1－1　ブロックチェーンの背景

2008年に謎の人物Satoshi Nakamotoがインターネット上にビットコインを公開して以来、ビットコインをはじめとする暗号通貨（仮想通貨とも呼ばれます）はもちろん、その基盤技術であるブロックチェーンは多くの人の関心を集めました。1990年代には暗号技術の研究として注目を集めた電子現金や電子商取引という技術もありましたが、これは主にICカードへの導入を想定しており、今では交通や各種店舗で導入されているICカード決済に相当するものでした。一方、暗号通貨はこれらの電子的な取引の情報を、インターネットが普及した現在に適合するように作成した技術であり、サービスの利用者同士が相互に接続するネットワーク上での利用を前提としています。この対象とする機器や前提の違いなども含めて、暗号通貨は過去の電子現金とは大きく異なる技術と言えます。

ブロックチェーンはビットコインを開発する過程で作られた技術で

した。ブロックチェーンの詳細は 2 章で解説するとして、ブロックチェーンが出てきたことで暗号通貨に限らず、様々な技術も登場しています。スマートコントラクトはその最たる例であり、昨今メディアやソーシャルネットワークサービスなどで目にする非代替性トークン (Non-Fungible Token, NFT) も、このスマートコントラクトから派生した技術です。

スマートコントラクトは 3 章で解説しますが、スマートコントラクトという概念は、ブロックチェーンよりも早く、1996 年に歴史上初めて登場します。これは Nick Szabo が執筆した「Smart Contracts: Building Blocks for Digital Markets」に登場しており、"契約をスムーズに行う技術"という定義でした。この年代は電子現金が注目されていたこともあり、取引を電子的に行うことで文字通り「賢い契約」ができるという技術でした。しかし、電子現金と暗号通貨が大きく異なるように、ブロックチェーンが登場して以降のスマートコントラクトもまた、それまでのものとは異なります。現在のスマートコントラクトの概念は、最大手のプラットホームである Ethereum の開発者、Gavin Wood が提唱したものです。これは「Ethereum ネットワークプロトコルの一部として、EVM（Ethereum Virtual Machine）の文脈として確定的に実行される、変更不可能なコンピュータプログラム」とされており、仕様が明確になっています。

1－2　本書の執筆にあたり

前置きが長くなりましたが、本書ではスマートコントラクトについて、とくにセキュリティの観点から解説します。また、併せてその基盤となるブロックチェーンについて、関連する暗号技術も含めて解説します。本書は著者が知る限り、スマートコントラクトのセキュリティに特化して執筆した唯一の専門書になります。この内容は著者間で「そういえばスマートコントラクトのセキュリティの教科書ってないよね」という話題から選定しました。また、著者の研究チームで挙げている研究成果なども交えながら、ブロックチェーンそのものの脆弱性や、ブロックチェーンによる新たなセキュリティ技術の設計など、多岐にわたる観点で紹介します。

1－3　著者とブロックチェーンの出会い

著者とブロックチェーンの出会いは2013年でした。当時、ブロックチェーンはセキュリティ技術の研究でも注目している人は限られており、電子現金を主に扱うような一部の学会で議論されていました。日本国内でも取り扱いはほとんどなく、著者の記憶の範囲ではみずほ銀行の東京都内の支店で1店舗だけ取り扱っている程度でした。その価格も安く、1ビットコインが2,000円程度だったと記憶しています。このときの著者の活動は、ただブロックチェーンの動向を眺めているくらいでした。

著者がブロックチェーンの研究に本格的に着手したのは、2017年です。クルーズ・ジェイソン・ポール (Cruz, Jason Paul) 博士と出会い、著者の研究室で議論を始めたことがきっかけになります。クルーズ博士は本書の執筆には関わっておりませんが、彼との出会いが著者の研究室でブロックチェーンの研究を始めた点について、大きいところです。クルーズ博士と共に得た結果は5章で解説しますが、この結果は本書執筆時点で被引用数が250を超えるなど、トップ論文と言って差し支えない成果と言えます。その後も、ブロックチェーンの研究を志す多くの学生と出会い、スマートコントラクトの調査に関する様々な成果を挙げることができました。クルーズ博士および学生たちとともに研究できたことは、本書の執筆に大きく影響しています。その成果についても本書では紹介いたします。

1－4　本書の構成

本書は 5 章から構成されます。本章では本書の執筆にあたる背景を、2 章ではブロックチェーンの基礎知識をそれぞれ説明します。これにより、まずはブロックチェーンを詳しく知らない読者向けに基礎知識を紹介します。3 章はスマートコントラクトの最大手のプラットホームである Ethereum スマートコントラクトの基礎知識について、4 章は Ethereum スマートコントラクトの脆弱性について、とくにプログラミングの観点から紹介します。5 章はスマートコントラクトをセキュリティ技術に応用することで得られる技術を紹介します。最後に 6 章は本書の振り返り、および、ブロックチェーンの今後に関する著者の見解を述べます。

1－5　本書の対象者

本書の対象者はスマートコントラクトについて、とくにセキュリティ技術の観点から学びたい読者を主な対象としています。ブロックチェーンの基本的な部分から学びたい読者に向けて、暗号技術含めたブロックチェーンの基礎知識についても紹介していますが、主には書籍のタイトル通り「スマートコントラクトのセキュリティ」について、とくに Ethereum スマートコントラクトの観点から紹介します。ここでいうセキュリティとは、スマートコントラクト自体の脆弱性と、スマートコントラクトでセキュリティ技術を構成した場合の両方を想定しています。なお、ブロックチェーンおよびスマートコントラクトのより基本的な観点を学びたい読者は、オライリー社から出版されている「マスタリング・イーサリアム —スマートコントラクトとDAppの構築」などを参考にしてください。

1－6　本書の使い方

本書は前節でも述べた通り、スマートコントラクトのセキュリティを勉強したい人の入門書として役立つことを想定しています。まず2章と3章でブロックチェーンの基礎知識からスマートコントラクトの基礎知識について学びます。これらの章は大学の情報系学部に所属する学部生など、情報学の基礎的な知識やスキルを持つ読者なら読み通すことが可能です。また、トークンなど近年の主流となっている技術も3章で学べます。4章からが本題で、Ethereumスマートコントラクトの脆弱性について、各脆弱性に関連するコードを参考にしながら、その原理と対策を学びます。実際にEthereumスマートコントラクトのコードを書きたい、あるいは書いている方は、適宜この章を参考にできると思います。5章はスマートコントラクトをセキュリティ技術に応用することで得られる技術を紹介します。スマートコントラクトで何か応用技術を設計したい方は、5章で実際の応用技術などを学ぶことが可能です。

なお、本書は入門書ですので、各章で述べる技術を詳細に知りたい方は、それぞれ引用している文献を読むことを推奨します。最新の研究動向についても紹介しているので、それらの文献を読みたい方は、その動向も参考になると思います。

1－7 本書での表記

本書では以下の表記を用います。

- 各専門用語の日本語と英語表記：各専門用語について、それぞれ該当する日本語がある場合は、その用語の日本語表記を述べたあと、括弧書きで英語表記を記載しています。また、該当する日本語がない場合は、その用語のカタカナ表記を述べた後、括弧書きで英語表記を記載しています。
- 斜体: 数式に用います。また、関連する変数も、本文中では斜体で表記されます。主に暗号技術の説明や問題設定の説明で利用されます。
- タイプライター体 (`typewriter fonts`): 関数と変数を含むプログラムのコード、コマンド、それらの実行結果はタイプライター体で表示されます。主に 3 章以降で登場します。

1－8 意見と質問

本書の内容については最大限の努力をもって確認していますが、誤りや不正確な点、誤解を招く表現などが見つかるかもしれません。その場合、今後の版で改善できるようお知らせいただけば幸いです。今後の改定に関する提案なども歓迎いたします。その際の連絡先は以下になります。

- 科学情報出版ホームページ：https://www.it-book.co.jp/index.html

著者への連絡は研究室ホームページから連絡を取ることが可能です。以下のサイトからご確認ください。

- 研究室ホームページ：https://www-infosec.ist.osaka-u.ac.jp/

index.html

- GitHub：https://github.com/fseclab-osaka

1－9　本書への貢献

本書は3名の著者で執筆しました。それぞれ主に執筆した個所は以下になります。

- 矢内直人: 1章「はじめに」、3章「Ethereum スマートコントラクト」、5章「サイバーセキュリティへの応用」、6章「むすび」を担当。
- 岡村真吾: 2章「ブロックチェーンの基礎知識」を担当。
- 加道ちひろ: 4章「Ethereum スマートコントラクトの脆弱性」を担当。

また、本書を執筆するにあたり、著者の研究室で関連している論文は以下になります。該当論文の著者も、その知見を紹介したという観点で、本書の執筆には間接的に貢献しています。

- Jason Paul Cruz, Yuichi Kaji, Naoto Yanai, “RBAC-SC: Role-based Access Control using Smart Contract," IEEE Access, Vol.6, pp.12240-12251, 2018.
- Nami Ashizawa, Naoto Yanai, Jason Paul Cruz, Singo Okamura, "Eth2Vec: Learning Contract-Wide Code Representations for Vulnerability Detection on Ethereum Smart Contracts," In Proceedings of The Third ACM International Symposium on Blockchain and Secure Critical Infrastructure (BSCI 2021), pp. 47–59, ACM, 2021.
- Yuichiro Chinen, Naoto Yanai, Jason Paul Cruz, Shingo Oka-

mura, "RA: A Static Analysis Tool for Analyzing Re-Entrancy Attacks in Ethereum Smart Contracts," Journal of Information Processing, Vol. 29, p.537–547, IPSJ, 2021.

- 清水 嶺, 矢内 直人, 今村 光良, Jason Paul Cruz, 岡村真吾, "NFT 流通市場に対する Editable Metadata 脆弱性の一考察," 2022 年暗号と情報セキュリティシンポジウム (SCIS2022), 1D1-2, 2022.
- Chihiro Kado, Naoto Yanai, Jason Paul Cruz, Shingo Okamura, "An Empirical Study of Impact of Solidity Compiler Updates on Vulnerabilities," In Proceedings of the 4th Workshop on Blockchain theoRy and ApplicatIoNs (BRAIN 2023), pp. 92–97, IEEE, 2023.

2
ブロックチェーンの基礎知識

2－1　ブロックチェーンで用いられる暗号技術

ブロックチェーンは色々な暗号技術を用いて実現されており、これらの暗号技術を理解することがブロックチェーンを理解する上での助けとなります。

ここでは、ブロックチェーンで用いられる暗号技術を紹介します。

2－1－1　ハッシュ関数

ハッシュ関数は図2-1のように、入力として与えられたメッセージに対して、ある一定の長さの要約を出力する関数です。この出力された要約をハッシュ値といいます。ブロックチェーンでは、同じ入力メッセージに対しては同じハッシュ値が出力され、入力メッセージが変化すると出力されるハッシュ値も大きく変化するようなハッシュ関数を用います。このようなハッシュ関数を用いることで、メッセージが書き換えられると図2-2のようにハッシュ値も変わるため、メッセージの正しい

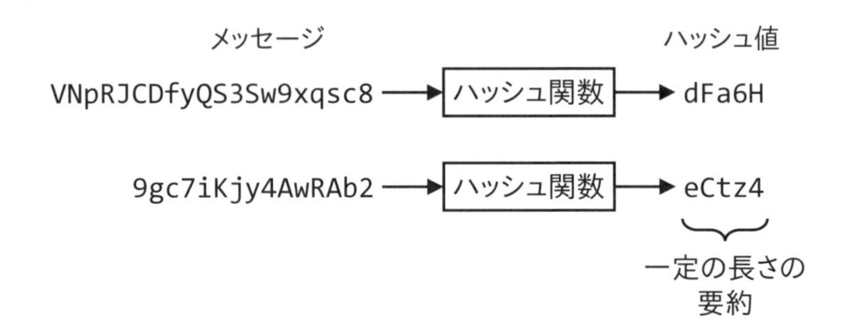

図 2-1　ハッシュ関数

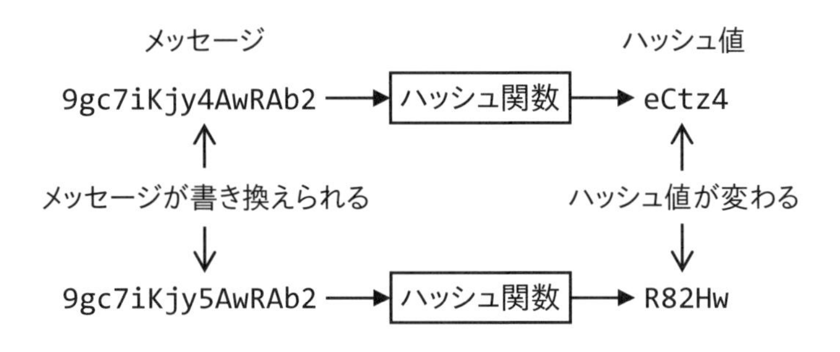

図 2-2　ハッシュ値による改ざん検知

ハッシュ値をあらかじめ保存しておき、受け取ったメッセージのハッシュ値と正しいハッシュ値とを比較することで、メッセージが改ざんされたかどうかを判断することができるようになります。

一般的には、入力するメッセージの長さよりもハッシュ値の長さの方が短いため、異なる入力メッセージに対して同じハッシュ値が出力されることがあります。もし、ハッシュ値が同じになる異なるメッセージに書き換えられた場合、ハッシュ値ではメッセージの改ざんを検出するこ

表 2-1　主なハッシュ関数

	ハッシュ長（ビット）	掲載リスト [6]
RIPEMD-160	160	運用監視暗号リスト
SHA-1	160	運用監視暗号リスト
SHA-256	256	電子政府推奨暗号リスト
SHA-384	384	電子政府推奨暗号リスト
SHA-512	512	電子政府推奨暗号リスト
SHA-512/256	256	電子政府推奨暗号リスト
SHA3-256	256	電子政府推奨暗号リスト
SHA3-384	384	電子政府推奨暗号リスト
SHA3-512	512	電子政府推奨暗号リスト
SHAKE128	可変長	電子政府推奨暗号リスト
SHAKE256	可変長	電子政府推奨暗号リスト

とができません。そのため、ブロックチェーンで用いるハッシュ関数には、ハッシュ値が同じになる異なる入力メッセージを探すことが困難であることが求められます。このようなハッシュ関数は暗号学的ハッシュ関数と呼ばれます。暗号学的ハッシュ関数には、表 2-1 に挙げているものなどがあります。なお、表中の「掲載リスト」は 2023 年 4 月時点の CRYPTREC 暗号リスト [6] を指しています（表 2-2 と表 2-3 も同様です）。

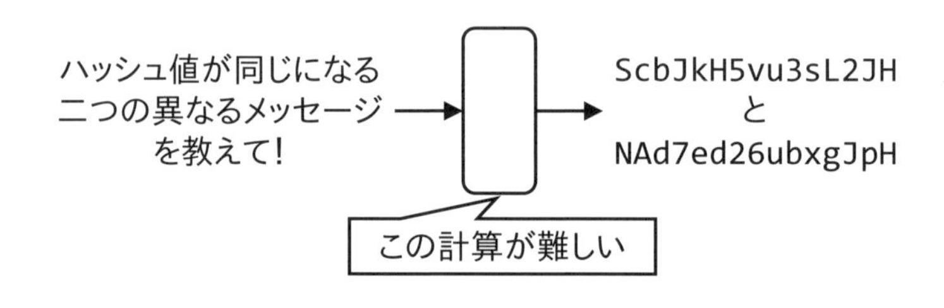

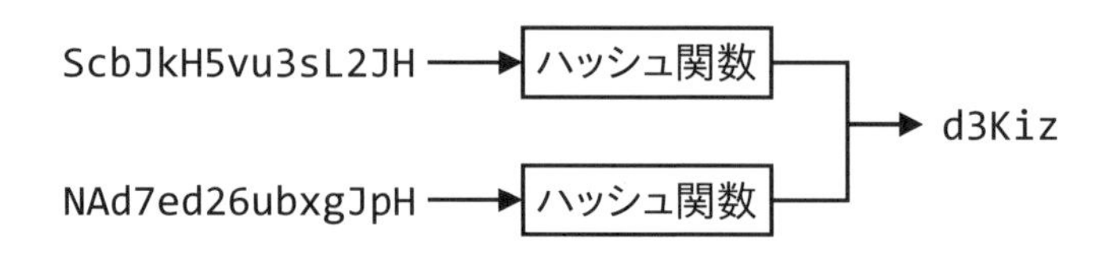

図 2-3　衝突困難性

コラム　暗号学的ハッシュ関数

暗号学的ハッシュ関数とは、次の性質をもつハッシュ関数のことをいいます。

▶ **衝突困難性**

ハッシュ値が同じになる異なる 2 つのメッセージを見つけることが困難である性質です（図 2-3）。衝突困難性をもつハッシュ関数 H では、$H(m_1) = H(m_2)$ かつ $m_1 \neq m_2$ であるようなメッセージ m_1 と m_2 の組を見つけることが困難となります。

▶ **原像計算困難性**

与えられたハッシュ値について、そのハッシュ値が出力されるような入力メッセージを見つけることが困難である性質です（図 2-4）。原像計算困難性をもつハッシュ関数 H では、与えられた

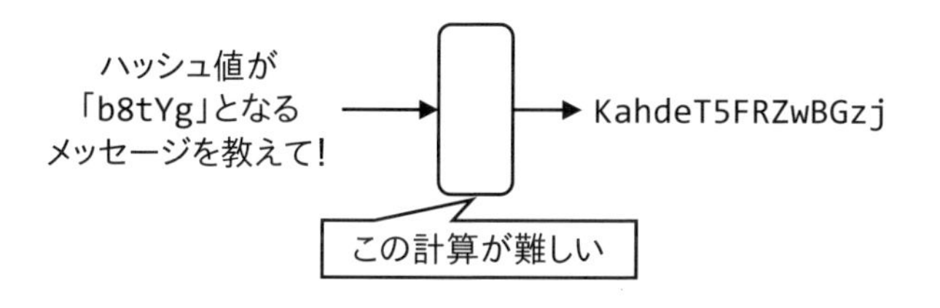

図 2-4　原像計算困難性

ハッシュ値 y について、$y = H(m)$ となるようなメッセージ m を見つけることが困難となります。

▶ 第二原像計算困難性

メッセージとそのメッセージに対するハッシュ値の組が与えられたとき、ハッシュ値が同じになる異なるメッセージを見つけることが困難である性質です（図 2-5）。第二原像計算困難性をもつハッシュ関数 H では、与えられたメッセージ m_1 とそのハッシュ値 $H(m_1)$ について、$H(m_1) = H(m_2)$ かつ $m_1 \neq m_2$ であるような m_2 を見つけることが困難となります。

衝突困難性と第二原像計算困難性は似ている性質ですが、第二原像計算困難性は、ある m_1 が与えられたときに m_2 を見つけられるかどうかという問題であるのに対して、衝突困難性は、どのような m_1, m_2 の組み合わせでも良いので見つかるかどうかという問題です。与えられた m_1 に対して $H(m_1) = H(m_2)$ となる $m_2(\neq m_1)$ が容易に見つかる、すなわち、第二原像計算困難性を満たさない場合、衝突困難性も満たさなくなります。一方で、$H(m_1) = H(m_2)$ かつ $m_1 \neq m_2$ となる (m_1, m_2) の組が容易に見つかる、すなわち、衝突困難性を満たさない

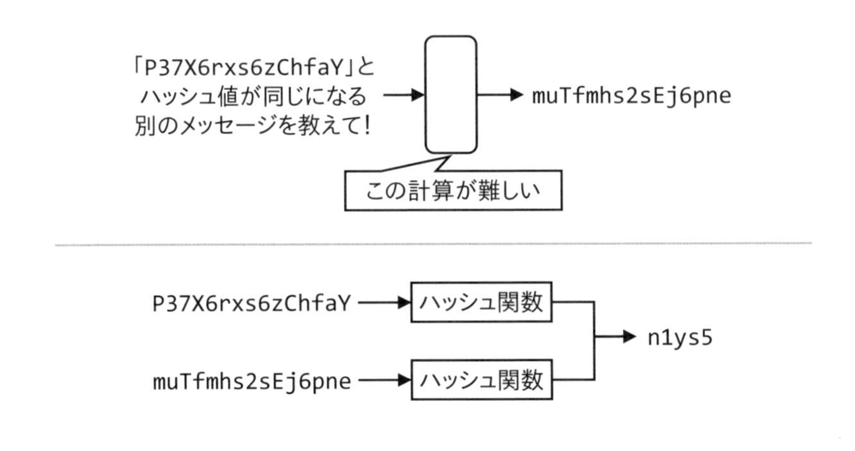

図 2-5　第二原像計算困難性

としても、第二原像計算困難性を満たさないとは言えません。

2－1－2　共通鍵暗号と公開鍵暗号

暗号方式には、メッセージを暗号化する暗号化関数と暗号化されたメッセージを元に戻す復号関数が含まれます。暗号化される前のメッセージを平文（ひらぶん）、暗号化されたメッセージを暗号文と呼びます。鍵と呼ばれる値を用いることで、同じ暗号化関数と復号関数を用いても、特定の鍵を知っている者だけが正しく暗号化や復号ができるようになっています。暗号化と復号で同じ鍵を用いて、その鍵を第三者から秘匿する必要がある暗号方式は共通鍵暗号と呼び、2 種類の鍵を用いて一方の鍵は公開しても構わない暗号方式を公開鍵暗号と呼びます。公開鍵暗号において、秘密に保持しなければならない鍵を秘密鍵と呼び、公開しても構わない鍵を公開鍵と呼びます。共通鍵暗号では暗号文を

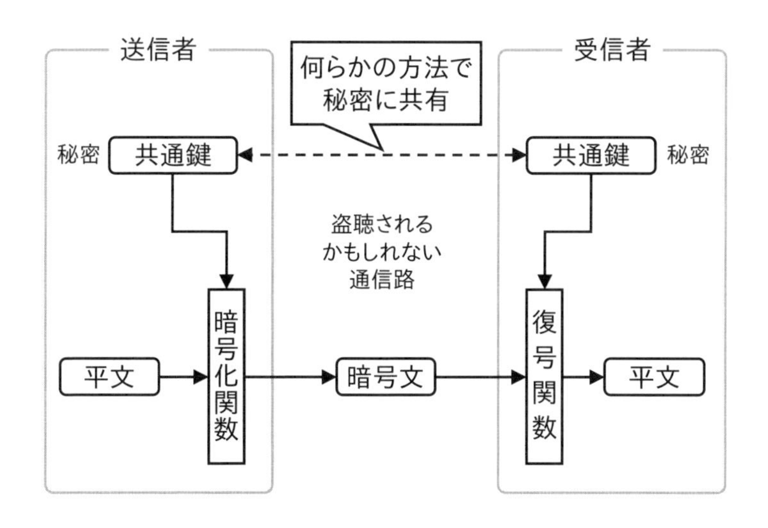

図 2-6　共通鍵暗号

復号する人（あるいはメッセージを暗号化する人）に対して鍵を第三者に知られないように渡す必要がありますが、公開鍵暗号では暗号文を復号する人が秘密鍵を秘密に保持し、メッセージを暗号化する人に対して公開鍵を渡せばよいので、鍵を容易に渡すことができます。主な共通鍵暗号には表 2-2 に挙げられているものが、主な公開鍵暗号には表 2-3 に挙げられているものがあります。

公開鍵暗号の 1 つとして、RSA 暗号 [5] があります。 RSA 暗号は 1977 年に Ronald Rivest、Adi Shamir、Leonard Adleman の 3 名によって提案され、それぞれの名前の頭文字から RSA 暗号と呼ばれています。RSA 暗号で行われる処理には大きく分けて鍵生成、暗号化、復号があり、それぞれの処理の概要は次のようになります。

表 2-2　主な共通鍵暗号

	分類	掲載リスト [6]
3-key Triple DES	ブロック暗号	運用監視暗号リスト
AES	ブロック暗号	電子政府推奨暗号リスト
Camellia	ブロック暗号	電子政府推奨暗号リスト
KCipher-2	ストリーム暗号	電子政府推奨暗号リスト
CIPHERUNICORN-E	ブロック暗号	推奨候補暗号リスト
Hierocrypt-L1	ブロック暗号	推奨候補暗号リスト
MISTY1	ブロック暗号	推奨候補暗号リスト
CIPHERUNICORN-A	ブロック暗号	推奨候補暗号リスト
CLEFIA	ブロック暗号	推奨候補暗号リスト
Hierocrypt-3	ブロック暗号	推奨候補暗号リスト
SC2000	ブロック暗号	推奨候補暗号リスト
Enocoro-128v2	ストリーム暗号	推奨候補暗号リスト
MUGI	ストリーム暗号	推奨候補暗号リスト
MULTI-S01	ストリーム暗号	推奨候補暗号リスト

▶ 鍵生成

受信者は、素数 p, q を選び、次式によって n と k を計算します。

$$n = pq,\ k = (p-1)(q-1)$$

次に、k と互いに素である（1 以外の公約数をもたない）整数 e を選び、次式を満たす整数 d を計算します。

$$ed \equiv 1 \pmod{k}$$

ここで、$\mathrm{mod}\, n$ は n を法とした剰余演算（n で割ったあまりを結

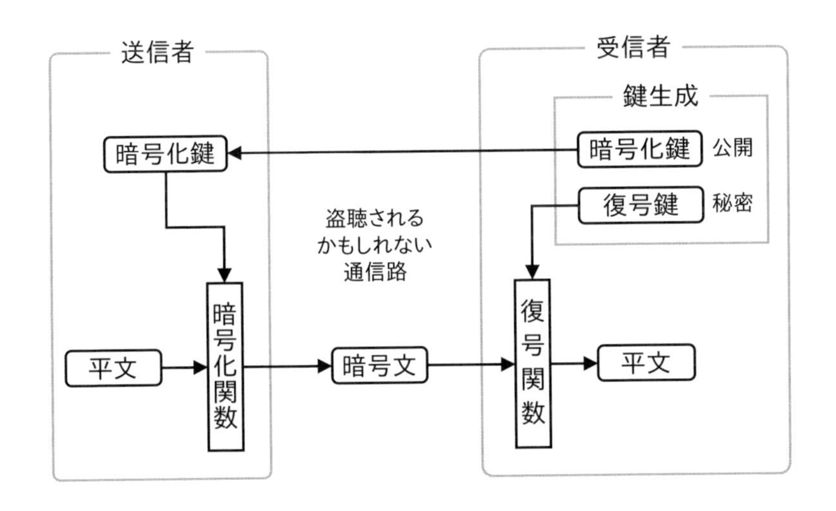

図 2-7　公開鍵暗号

果とする演算）とします。この式は、ed と 1 は k で割った余りが等しい（$ed-1$ が k の整数倍である）ことを表しており、ed と 1 は法 k に関して合同であるといいます。これらの計算から得られた (e,n) を公開鍵、(d,n) を秘密鍵とします。公開鍵を暗号化鍵として公開し、秘密鍵を復号鍵として受信者が秘密に保持します。また、p,q,k も受信者が秘密に保持します。

表 2-3　主な公開鍵暗号

	用途	掲載リスト [6]
RSAES-PKCS1-v1_5	守秘	運用監視暗号リスト
RSA-OAEP	守秘	電子政府推奨暗号リスト
DSA	署名	電子政府推奨暗号リスト
ECDSA	署名	電子政府推奨暗号リスト
EdDSA	署名	電子政府推奨暗号リスト
RSA-PSS	署名	電子政府推奨暗号リスト
RSASSA-PKCS1-v1_5	署名	電子政府推奨暗号リスト
DH	鍵共有	電子政府推奨暗号リスト
ECDH	鍵共有	電子政府推奨暗号リスト
PSEC-KEM	鍵共有	推奨候補暗号リスト

▶ **暗号化**

受信者の暗号化鍵を (e, n) とし、平文 M を $0 \leq M \leq n-1$ の整数とします。次式によって暗号文 C を計算します。

$$C = M^e \mod n$$

▶ **復号**

受信者の復号鍵を (d, n) とし、受信した暗号文を C とします。次式によって平文 M を計算します。

$$M = C^d \mod n$$

なお、RSA 暗号において暗号文を復号することで平文に戻ることは、次のように確認することができます。ここで α は正の整数を表しています。まず、p, q が素数であり、m と $n = pq$ が互いに素であるとき、オイラーの定理より $m^{(p-1)(q-1)} \equiv 1 \pmod{n}$ が成り立つことから、$c^d \bmod n = m$ となります。

$$
\begin{aligned}
c^d &\equiv (m^e)^d \\
&\equiv m^{ed} \\
&\equiv m^{\alpha k+1} \\
&\equiv \left(m^{(p-1)(q-1)}\right)^{\alpha} m \\
&\equiv m \pmod{n}
\end{aligned}
$$

m が p を約数にもつ場合、$m < n(= pq)$ より、m は $1 \cdot p, 2 \cdot p, \ldots, (q-1) \cdot p$ のいずれかとなるため q と互いに素となります。フェルマーの小定理より $m^{q-1} \equiv 1 \pmod{q}$ が成り立つことから、$c^d \equiv m \pmod{q}$ が成り立ちます。

$$
\begin{aligned}
c^d &\equiv (m^e)^d \\
&\equiv m^{ed} \\
&\equiv m^{\alpha k+1} \\
&\equiv \left(m^{(q-1)}\right)^{\alpha(p-1)} m \\
&\equiv m \pmod{q}
\end{aligned}
$$

また、m が p を約数にもつ、すなわち $m \equiv 0 \pmod{p}$ が成り立つことから、$c^d \equiv m \pmod{p}$ が成り立ちます。

$$
\begin{aligned}
c^d &\equiv (m^e)^d \\
&\equiv m^{ed} \\
&\equiv 0^{ed} \\
&\equiv 0 \\
&\equiv m \pmod{p}
\end{aligned}
$$

$c^d \equiv m \pmod{q}$ かつ $c^d \equiv m \pmod{p}$ が成り立つことから、$c^d - m \equiv 0$

$\pmod q$ かつ $c^d - m \equiv 0 \pmod p$ が成り立ち、$c^d - m$ は q と p の両方を約数にもつ、すなわち、$pq(= n)$ を約数にもつことがわかります。従って m が p を約数にもつ場合も、$c^d \equiv m \pmod n$ が成り立ち、$c^d \bmod n = m$ となります。m が q を約数にもつ場合も同様に、$c^d \equiv m \pmod n$ が成り立ちます。

コラム　$a \bmod n = b$ と $a \equiv b \pmod n$

「$\bmod n$」は「n で割った余り」を意味する演算ですが、本書で「$a \bmod n = b$」と「$a \equiv b \pmod n$」の 2 通りの使い方をしています。$a \bmod n = b$ での mod は $+$ や $\times$ と同じ二項演算子としての使い方です。例えば、$13 \bmod 3 = 1$ や $13 \bmod 3 = 7 \bmod 3$ のように使い、$=$ の左辺と右辺は同じ値になります。一方、$a \equiv b \pmod n$ は「a と b は法 n のもとで合同（a と b は n で割った余りが等しい）」という意味での使い方になります。例えば、$13 \equiv 1 \pmod 3$ や $13 \equiv 7 \pmod 3$ のように使います。

コラム　オイラーの定理とフェルマーの小定理

本書では、次の各定理をそれぞれ「オイラーの定理」「フェルマーの小定理」と呼びます。

▶ **オイラーの定理**

正の整数 n および、n と互いに素である正の整数 a について、次式が成り立つ。

$$a^{\phi(n)} \equiv 1 \pmod n$$

▶ フェルマーの小定理

素数 p および、p と互いに素である正の整数 a について、次式が成り立つ。

$$a^{p-1} \equiv 1 \pmod p$$

ここで $\phi(n)$ は、n 以下の正の整数において n と互いに素である数の個数を表しています。n が素数 p と素数 q の積 $(n = pq)$ であれば $\phi(n) = (p-1)(q-1)$ となり、n が素数であれば $\phi(n) = n-1$ となります。従って、フェルマーの小定理は、オイラーの定理において整数 n が素数の場合と言えます。

オイラーの定理が成り立つことは、次のように確認できます。n と互いに素である n 以下の正の整数の集合を $B = \{b_1, b_2, \ldots, b_{\phi(n)}\}$ とします。集合 B のある要素 b_i について、ab_i を n で割った余りを β_i とします。このとき、a も b_i も n と互いに素であることから、ab_i は n と互いに素であり、β_i も n と互いに素であることが言えます。すなわち、β_i は集合 B に含まれている値となります。また、集合 B に含まれている、b_i とは別の要素 b_j について、ab_j を n で割った余りを β_j とします。このとき、もし $\beta_i = \beta_j$ ならば $ab_i \equiv ab_j \pmod n$、すなわち $b_i \equiv b_j \pmod n$ となり、b_i と b_j は別の要素であるとしていることと矛盾してしまいますので、$\beta_i \neq \beta_j$ であることがわかります。このことは、集合 B の各要素について、n で割った余りはそれぞれ異なることを意味しています。また、余りはそれぞれ集合 B に含まれていることから、$B = \{b_1, b_2, \ldots, b_{\phi(n)}\} = \{\beta_1, \beta_2, \ldots, \beta_{\phi(n)}\}$ であることがわかります。以上のことから、$ab_1ab_2 \cdots ab_{\phi(n)} = a^{\phi(n)}b_1b_2 \cdots b_{\phi(n)} \equiv \beta_1\beta_2 \cdots \beta_{\phi(n)}$

(mod n) となり、$a^{\phi(n)} \equiv 1 \pmod n$ が導かれます。

コラム　素因数分解問題と離散対数問題

使おうとしている暗号方式が安全かどうか気になるところです。平文をあれやこれやと操作して、ぱっと見た感じでは簡単には平文に戻せないようなものが出来上がったとしても、実は簡単に解読できてしまうかも知れません。暗号方式の中には、解くことが困難とされている問題を基に構成されているものがあり、この基となる問題の困難さが、その暗号方式の安全性の根拠とされます。解くことが困難とされている問題の 1 つとして、素因数分解問題があります。

素因数分解問題 (IFP: Integer Factoring Problem)

　　巨大な合成数を素数の積に分解する問題

素因数分解の方法は中学校の数学の時間に習っており、$6 = 2 \times 3$ のように簡単に解けるのではないか、と思われる方もいるかも知れません。確かに、小さな整数の素因数分解であれば簡単に解けるのですが、大きな整数を素因数分解しようとすると、整数が大きければ大きいほど多くの時間がかかります。そこで、とても大きい整数、例えば素因数分解をするのに何万年もかかるような整数については、現実的には素因数分解をすることが困難であると考えます。

本書で紹介している RSA 暗号は、この素因数分解問題を基に構成された暗号方式です。もし素因数分解問題が解けるとすると、RSA 暗号の公開鍵 (e, n) から $n = pq$ を満たす素数 p, q が得られます。さらには、$ed \equiv 1 \pmod{(p-1)(q-1)}$ を満たす d を計算することができます。

すなわち、公開鍵 (e,n) から秘密鍵 (d,n) を得ることができます。一方、RSA 暗号が解読できれば（公開鍵 (e,n) と暗号文から平文を得ることができれば）素因数問題が解けるかどうかは、今のところわかっていません（素因数分解問題が解けなくても RSA 暗号は解読できるかも知れません)。現状では、 素因数分解をする以外に効率よく RSA 暗号を解読する方法見つかっておらず、素因数分解問題を解くのは困難であるとされているため、RSA 暗号を解くのも困難であるとされています。

なお、素因数分解問題の困難さは、世の中のコンピュータの計算能力の向上に伴って変わっていきます。すなわち、同じ大きさの整数の素因数分解にかかる時間は、年々短くなっていき、やがて現実的な時間で解くことができるようになってきます。RSA 暗号では鍵（素数の積 n）の長さによって解読にかかる時間が変わってくることになります。以前は鍵の長さが 1024 ビットのものが一般的に用いられていましたが、コンピュータの計算能力の向上に合わせて、今では 2048 ビット以上の長さの鍵を用いるようになっています。

素因数分解問題と同様に暗号方式の基として用いられている、解くことが困難とされている問題の 1 つとして、離散対数問題があります。

離散対数問題 (DLP: Discrete Logarithm Problem)

位数が大きい巡回群 G において、$y \in G$ と巡回群 G の生成元 $g \in G$ に対して $y = g^x$ となる正整数 x を求める問題

一般的に対数は $\log_a b$ のような形で表され、$a^x = b$ を満たす x が $\log_a b$ になります。例えば、$\log_2 8 = 3$、$\log_{10} 100 = 2$ となり、このような計算であれば関数電卓などを使っても計算できます。しかしながら、巡回群と呼ばれる集合と演算の組においては対数を計算することが困難とされています。ここで「位数が大きい」とは集合の大きさが大き

い（集合に含まれる要素の数が多い）ことを意味しています。なお、本書で紹介している DSA は、この離散対数問題を基にした署名方式です。

2－1－3　ディジタル署名

ディジタル署名を用いることで、メッセージの改ざんの有無を検証したり、署名者がメッセージを作成・承認したことを確認したりすることができます。ディジタル署名は、公開鍵暗号を用いて実現することができます。署名者は、署名生成関数と自身の秘密鍵を用いて、メッセージに対する署名を生成します。検証者は、署名検証関数と署名者の公開鍵を用いて、メッセージに対する署名を検証します。このとき、署名がそのメッセージに対して署名者の秘密鍵（検証に用いた公開鍵に対応する秘密鍵）を用いて生成されていれば、検証は成功します。もしメッセージが改ざんされていたり、署名が別の秘密鍵で生成されていたりした場合は、検証は失敗します。なお一般的には、メッセージに対して直接署名を生成するのではなく、メッセージのハッシュ値に対して署名を生成します。また一般的には、メッセージの暗号化・復号に用いる公開鍵暗号とディジタル署名に用いる公開鍵暗号は異なります。表 2-3 の中で、用途が「守秘」となっているものがメッセージの暗号化・復号に用いる公開鍵暗号で、用途が「署名」となっているものがディジタル署名に用いる公開鍵暗号です。例えば RSA 暗号を用いてディジタル署名を実現する場合、次のようになります。

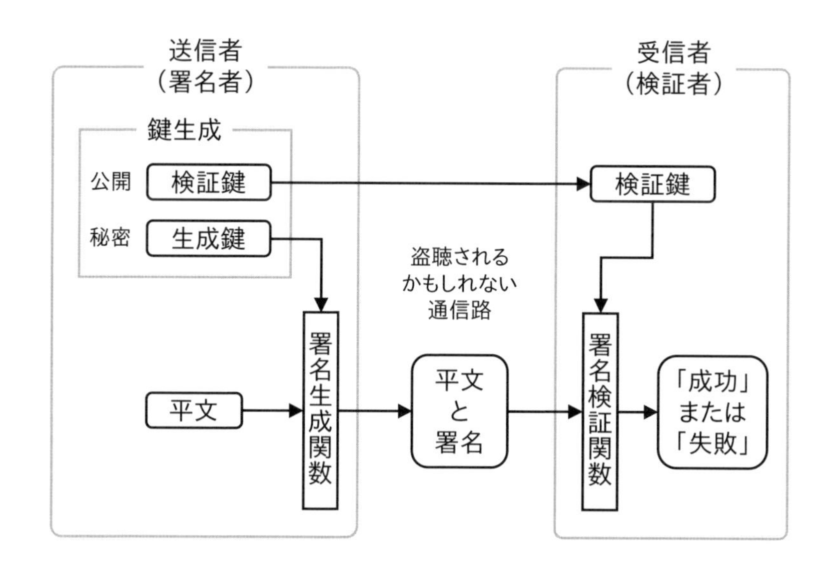

図 2-8　ディジタル署名

▶ 鍵生成

署名者は、RSA 暗号と同様に公開鍵 (e, n) と秘密鍵 (d, n) を生成します。公開鍵を署名検証鍵として公開し、秘密鍵を署名生成鍵として署名者が秘密に保持します。

▶ 署名生成

署名生成鍵を (d, n) とし、メッセージ M を $0 \leq M \leq n-1$ の整数とします。次式によって署名 σ を計算します。ここで h はハッシュ関数とします。

$$\sigma = (h(M))^d \bmod n$$

▶ 署名検証

署名検証鍵を (e, n) とし、受信したメッセージと署名の組を (M, σ) とします。次式によって M' を計算します。

$$M' = \sigma^e \bmod n$$

M' とメッセージのハッシュ値 $h(M)$ が一致するかを確認し、一致していれば σ は M に対する正しい署名であると判断します。

ビットコインやEthereumでは、ECDSA(Elliptic Curve Digital Signature Algorithm)[1] という署名方式が用いられています。ECDSA はDSA(Digital Signature Algorithm)[4] という署名方式を楕円曲線上の演算で実現した方式です。ここでの楕円曲線とは、xy 平面上において $y^2 = x^3 + ax + b$ で定義される曲線です。まず参考に、DSA での各処理を説明します。ここで H はハッシュ関数とし、使用するハッシュ関数はあらかじめ決められているものとします。

▶ 鍵生成

署名者は次の手順で署名検証鍵（公開鍵）と署名生成鍵（秘密鍵）を生成します。まず、大きな素数 p, q を選びます。ただし、q が $p-1$ の約数となるように選ぶものとします。次に、$i = 1, 2, \ldots, q-1$ において $g^i \bmod p \neq 1$ となり、$g^q \bmod p = 1$ となる正整数 $g(< p)$ を選びます。そして、$1 < x < q$ を満たす整数 x をランダムに選び、

$$y = g^x \bmod p$$

を計算します。(p, q, g, y) を署名者の署名検証鍵として公開し、x を署名生成鍵として署名者が秘密に保持します。

▶ 署名生成

署名生成鍵を x とし、メッセージを m とします。署名者はまず、$1 < k < q$ を満たす整数 k をランダムに選び、

$$r = \left(g^k \bmod p\right) \bmod q$$

を計算します。次に、

$$t = (H(m) + xr)\, k^{-1} \bmod q$$

を計算します。$\sigma = (r, t)$ を署名とします。

▶ 署名検証

署名検証鍵を (p, q, g, y) とし、受信したメッセージと署名の組を (m, σ) とします。受信者は次式によって r' を計算します。

$$\begin{aligned} u_1 &= H(m)t^{-1} \bmod q \\ u_2 &= rt^{-1} \bmod q \\ r' &= (g^{u_1} y^{u_2} \bmod p) \bmod q \end{aligned}$$

署名 σ に含まれている r と計算した r' が一致するかを確認し、一致していれば σ は m に対する正しい署名であると判断します。

なお、メッセージと署名の組が正しければ、次式より $r' = r$ となることがわかります。

$$
\begin{aligned}
r' &= (g^{u_1}y^{u_2} \bmod p) \bmod q \\
&= (g^{u_1}g^{xu_2} \bmod p) \bmod q \\
&= (g^{u_1+xu_2} \bmod p) \bmod q \\
&= \left(g^{H(m)t^{-1}+xrt^{-1}} \bmod p\right) \bmod q \\
&= \left(g^{(H(m)+xr)t^{-1}} \bmod p\right) \bmod q \\
&= \left(g^{k} \bmod p\right) \bmod q \\
&= r
\end{aligned}
$$

次に、ECDSA での各処理を説明します。ここでは、整数 q および $qG = O$ となる楕円曲線上の点 G（$y^2 = x^3 + ax + b$ を満たす x と y の組）があらかじめ決められているものとします。なお、O は無限遠点を表しています。また、使用するハッシュ関数 H はあらかじめ決められているものとします。ビットコインや Ethereum では secp256k1[2] と呼ばれるパラメータで指定された楕円曲線 $y^2 = x^3 + 7$（すなわち、$a = 0, b = 7$）が用いられます。また、q, G も secp256k1 において決められています。

▶ **鍵生成**

署名者は整数 s をランダムに選び、署名生成鍵（秘密鍵）として秘密に保持します。また、点 $V = sG$ を署名検証鍵（公開鍵）として公開します。

▶ **署名生成**

署名生成鍵を s とし、メッセージを m とします。署名者はまず、$1 < k < q$ を満たす整数 k をランダムに選び、点 $R = kG$ を計算

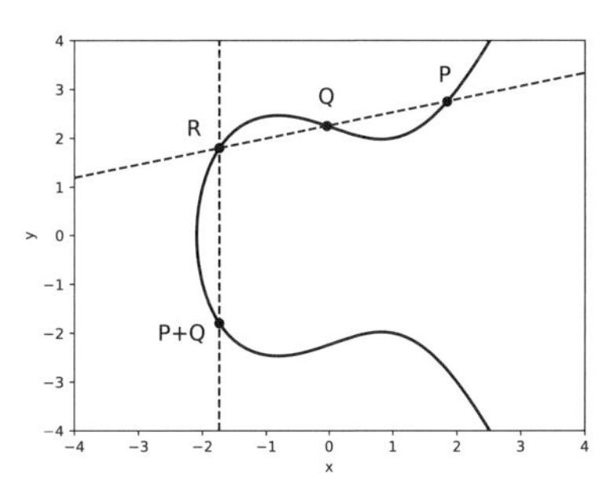

図 2-9　楕円曲線上での加算 (1)

します。点 R の x 座標を r とします。次に、

$$t = (H(m) + sr)\,k^{-1} \bmod q$$

を計算します。$\sigma = (r, t)$ を署名とします。

▶ **署名検証**

署名検証鍵を V とし、受信したメッセージと署名の組を (m, σ) とします。受信者は次式によって R' を計算します。

$$\begin{aligned} u_1 &= H(m)t^{-1} \bmod q \\ u_2 &= rt^{-1} \bmod q \\ R' &= u_1 G + u_2 V \end{aligned}$$

署名 σ に含まれている r と R' の x 座標が一致するかを確認し、一致していれば σ は m に対する正しい署名であると判断します。

コラム　楕円曲線上での演算

ECDSA での鍵生成や署名生成では、楕円曲線上での点同士の加算が行われます。ECDSA における楕円曲線上の点 $P = (x_p, y_p)$ と点

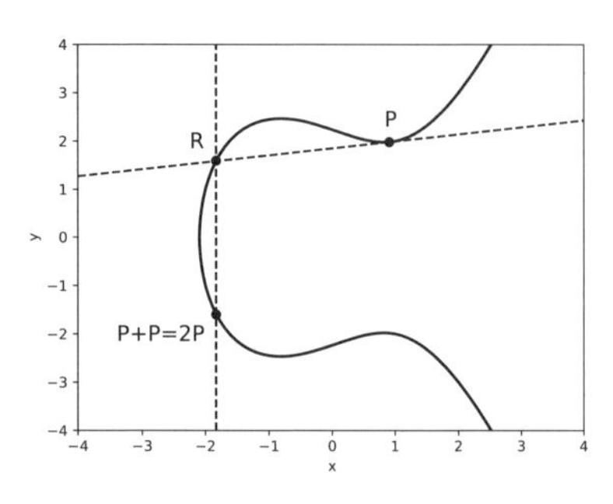

図 2-10　楕円曲線上での加算 (2)

$Q = (x_q, y_q)$ の加算 $P + Q$ は次のように定義されています。

▶$x_p \neq x_q$ である場合

この場合、図 2-9 のように点 P と点 Q を結ぶ直線 PQ を考えます。この直線 PQ と楕円曲線が交わる点を $R = (x_r, y_r)$ とします。$P + Q$ を、この点 R と x 軸に関して対称となる点 $(x_r, -y_r)$ とします。なお、

$$\begin{aligned} x_r &= \left(\frac{y_q - y_p}{x_q - x_p}\right)^2 - x_p - x_q \\ -y_r &= \frac{y_q - y_p}{x_q - x_p}(x_p - x_r) - y_p \end{aligned}$$

となります。

▶$x_p = x_q$ かつ $y_p \neq y_q$ である場合

この場合、点 P と点 Q を結ぶ直線 PQ は y 軸と平行となります。そこで、y 軸方向に無限に遠い点 O があり、y 軸と平行な直線はすべて点 O を通るものと考えます。この点 O を無限遠点と呼びます。そして、$P + Q$ を無限遠点 O とします。

▶ 点 P と点 Q が同じ点である場合

この場合、図 2-10 のように直線 PQ として点 $P(= Q)$ と楕円曲線

表 2-4　$y^2 = x^3 + 7$ 上の点

	P_1	P_2	P_3	P_4	P_5	P_6	P_7	P_8	P_9	P_{10}	P_{11}
x	2	2	3	3	4	4	5	6	6	7	7
y	2	9	1	10	4	7	0	5	6	3	8

の接線を考えます。直線 PQ と楕円曲線が交わる点を $R = (x_r, y_r)$ とし、$P + Q$ を点 R と x 軸に関して対称となる点 $(x_r, -y_r)$ とします。なお、$y_p = 0$ であれば $P + Q$ は無限遠点 O となります。また、$y_p \neq 0$ であれば

$$\begin{aligned} x_r &= \left(\frac{3x_p^2 - a}{2y_p}\right)^2 - 2x_p \\ -y_r &= \frac{3{x_p}^2 + a}{2y_p}(x_p - x_r) - y_p \end{aligned}$$

となります。

▶ **点 P または点 Q が無限遠点 O である場合**

点 Q が無限遠点の場合、直線 PQ と楕円曲線が交わる点 R は $R = (x_p, -y_p)$ となります。この時、点 R と x 軸に関して対称となる点は (x_p, y_p)、すなわち、点 P となるため、$P + O$ を点 P とします。同様に、$Q + O$ を点 Q とします。また、$O + O$ は O とします。

例として、mod11 のもとでの楕円曲線 $y^2 = x^3 + 7$ 上での加算について考えてみます。まず、mod11 のもとでの楕円曲線上での点（x と y がそれぞれ $\{0, 1, \ldots, 10\}$ のいずれかで、かつ、$y^2 = x^3 + 7$ を満たす x, y の組）は表 2-4 の通り 11 点あります。

この 11 点と無限遠点について、各 2 点の組み合わせについて加算し

た結果をまとめたものが表 2-5 です。表 2-5 に従って P_5 を複数回加算すると次のようになります。

$$
\begin{aligned}
1P_5 &= O + P_5 = P_5, \\
2P_5 &= P_5 + P_5 = P_9, \\
3P_5 &= 2P_5 + P_5 = P_9 + P_5 = P_2, \\
4P_5 &= 3P_5 + P_5 = P_2 + P_5 = P_4, \\
5P_5 &= 4P_5 + P_5 = P_4 + P_5 = P_{10}, \\
6P_5 &= 5P_5 + P_5 = P_{10} + P_5 = P_7, \\
7P_5 &= 6P_5 + P_5 = P_7 + P_5 = P_{11}, \\
8P_5 &= 7P_5 + P_5 = P_{11} + P_5 = P_3, \\
9P_5 &= 8P_5 + P_5 = P_3 + P_5 = P_1, \\
10P_5 &= 9P_5 + P_5 = P_1 + P_5 = P_8, \\
11P_5 &= 10P_5 + P_5 = P_8 + P_5 = P_6, \\
12P_5 &= 11P_5 + P_5 = P_6 + P_5 = O, \\
13P_5 &= 12P_5 + P_5 = O + P_5 = P_5, \\
14P_5 &= \cdots
\end{aligned}
$$

このように、O に対して P_5 を 12 回加算すると O に戻ってきます。すなわち、$nP_5 = (n \bmod 12)P_5$ となります。なお、何回加算すれば O に戻ってくるかは点によって違います。例えば P_3 の場合は 3 回加算すると O になります。

表 2-5　加算演算表

$+$	O	P_1	P_2	P_3	P_4	P_5	P_6	P_7	P_8	P_9	P_{10}	P_{11}
O	O	P_1	P_2	P_3	P_4	P_5	P_6	P_7	P_8	P_9	P_{10}	P_{11}
P_1	P_1	P_7	O	P_{10}	P_5	P_8	P_3	P_2	P_{11}	P_6	P_9	P_4
P_2	P_2	O	P_7	P_6	P_{11}	P_4	P_9	P_1	P_5	P_{10}	P_3	P_8
P_3	P_3	P_{10}	P_6	P_4	O	P_1	P_{11}	P_9	P_7	P_8	P_5	P_2
P_4	P_4	P_5	P_{11}	O	P_3	P_{10}	P_2	P_8	P_9	P_7	P_1	P_6
P_5	P_5	P_8	P_4	P_1	P_{10}	P_9	O	P_{11}	P_6	P_2	P_7	P_3
P_6	P_6	P_3	P_9	P_{11}	P_2	O	P_8	P_{10}	P_1	P_5	P_4	P_7
P_7	P_7	P_2	P_1	P_9	P_8	P_{11}	P_{10}	O	P_4	P_3	P_6	P_5
P_8	P_8	P_{11}	P_5	P_7	P_9	P_6	P_1	P_4	P_3	O	P_2	P_{10}
P_9	P_9	P_6	P_{10}	P_8	P_7	P_2	P_5	P_3	O	P_4	P_{11}	P_1
P_{10}	P_{10}	P_9	P_3	P_5	P_1	P_7	P_4	P_6	P_2	P_{11}	P_8	O
P_{11}	P_{11}	P_4	P_8	P_2	P_6	P_3	P_7	P_5	P_{10}	P_1	O	P_9

$$\begin{aligned}
1P_3 &= O + P_3 = P_3, \\
2P_3 &= P_3 + P_3 = P_4, \\
3P_3 &= 2P_3 + P_3 = P_4 + P_3 = O, \\
4P_3 &= 3P_3 + P_3 = O + P_3 = P_3, \\
5P_3 &= \cdots
\end{aligned}$$

コラム　どの暗号技術を用いれば良いか？

これまで多くの暗号技術が考案されてきましたが、暗号技術を使用する情報システムを構築する際に、どの暗号技術を採用すれば良いのでしょうか。暗号技術には安全であることはもちろんのこと、実装や運用の容易さや処理の速さなども実用的な範囲であることが求められます。しかしながら、暗号技術の考案者の主張を鵜呑みにする訳にもいきませんし、自身で安全性や性能を確認しようにも専門的な知識を必要とするため難しいことが多いです。

そのような中、日本ではCRYPTREC(Cryptography Research and Evaluation Committees) と呼ばれるプロジェクトにおいて、専門家による暗号技術の評価や監視が継続的に行われています。CRYPTRECでは、評価した内容についての報告書などの成果が公表されていますが、そのうちの１つとして「電子政府における調達のために参照すべき暗号のリスト (CRYPTREC 暗号リスト)」[6] があり、随時更新されています。CRYPTREC 暗号リストは「電子政府推奨暗号リスト」「推奨候補暗号リスト」「運用監視暗号リスト」の 3 種類のリストで構成されています。電子政府推奨暗号リストには、CRYPTREC にて安全性や実装性能が確認され、現時点で利用が推奨されている暗号技術が掲載されています。推奨候補暗号リストには、今後、電子政府推奨暗号リストに掲載される可能性がある暗号技術が掲載されています。また、運用監視暗号リストには、解読のリスクが高まるなどして推奨すべき状態ではなくなった暗号技術のうち、互換性維持のために継続利用を容認するものが掲載されています。電子政府に関わらず情報システムを構築する際には、基本的には電子政府推奨暗号リストに掲載されている暗号技術を採用することになりますが、鍵長などに条件が付いている場合がありますので、使用する際には注意が必要です。

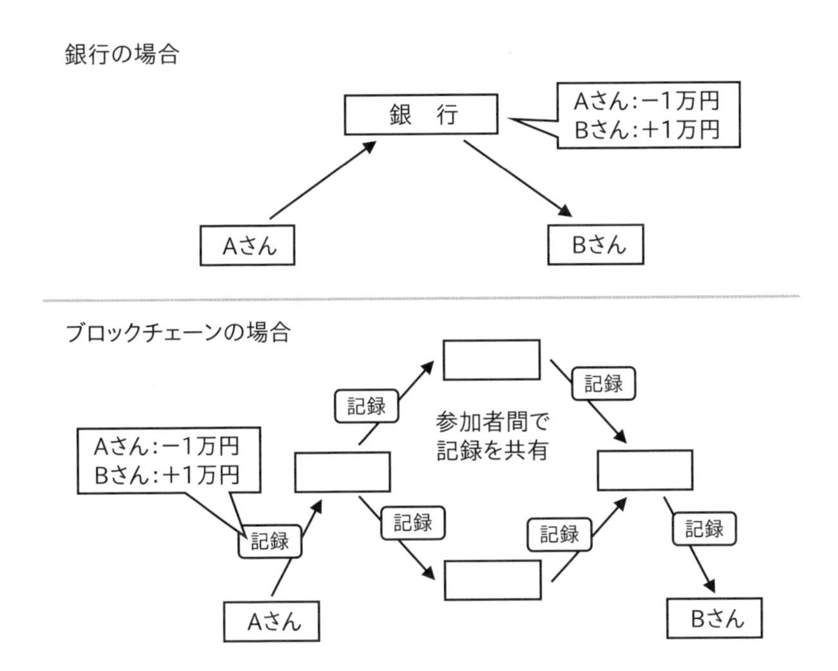

図 2-11　ブロックチェーンの基本概念

2－2　ブロックチェーンの基本概念

ブロックチェーンは、仲介者を介さずに二者の取引を記録する仕組みです。例えば、A さんから B さんへ 1 万円を送金したいとします。銀行を仲介者として送金する場合、A さんの口座に 1 万円以上の残高があれば 1 万円を出金し B さんの口座へ 1 万円を入金する、という処理を銀行が行います。銀行が信頼できるならば、これらの処理は正しく行われるでしょう。一方ブロックチェーンでは、銀行のような仲介者を介さずに、A さんは 1 万円を B さんへ送ったと自ら記録することになります。A さんが正しく記録してくれれば問題はありませんが、A さんが 1

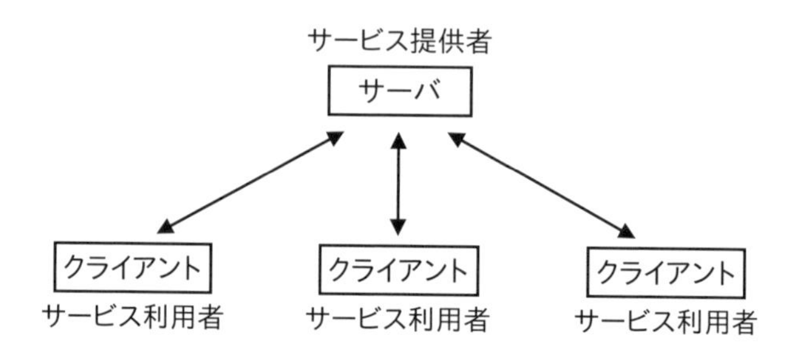

図 2-12　クライアント・サーバ型サービス

万円をもっていないのに 1 万円を送ったと記録する可能性があります。あるいは、A さんが後で記録を書き換えて、1 万円を送っていない（すなわち、手元に 1 万円が残っている）ことにするかも知れません。ブロックチェーンでは、ディジタル署名を用いたり他の参加者とも記録を共有するなどして、このような不正を防ぐ仕組みが用意されています。

2－2－1　ネットワーク

インターネットなどのネットワーク上でサービスを提供する場合によく用いられる形態として、クライアント・サーバ型があります。クライアント・サーバ型のサービスでは、サービス提供者が用意したサーバ上でサービスに関する主な処理を行い、サービス利用者の端末（クライアント）は、サーバとやり取りをすることでサービスを利用することができます。サービス提供者が管理するサーバが正しく動作するという前提の上で、サービス利用者はサービス提供者を信用してサービスを利用することになります。これは一方で、サービス提供者は自由にサービス内容や処理の方法を決めることができ、サービス利用者はサービス提供者のやり方に従わざるを得ないということでもあります。また、サーバ

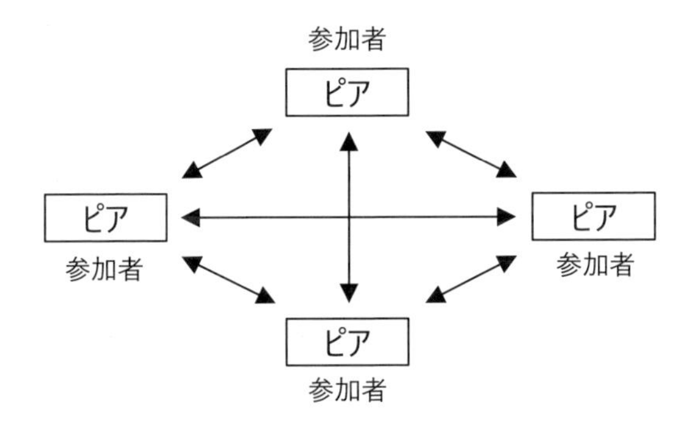

図 2-13　P2P ネットワーク

が故障してしまうとサービス全体が停止してしまうことになります。

ブロックチェーンにおけるネットワークは、各参加者がサーバなどの第三者を介さず直接通信する、P2P（Peer to Peer、ピア・ツー・ピア）ネットワークとなっています。クライアント・サーバ型のサービスでサーバが行っていた処理は、各参加者（ピア）が分担して行うことになります。ブロックチェーンのネットワークでは、あるピアが処理を行った結果が他のピアにも伝搬されることで、ネットワーク全体で同じ情報を共有することになります。ネットワーク全体で処理の手順を決め、各ピアはその手順に従って処理を行うため、1 つのピアが勝手に処理の内容を変えることはできません。また、特定のサーバを置かないことで、あるピアが故障しても他のピアが処理を代行することができ、サービスの停止を防ぐことができます。一方で、各ピアが必ずしも正しく動作するとは限らず、不正を行うピアが存在する可能性もあります。そのため、複数のピアでの処理結果を比較して、正しく動作しているかを確認するなどの対策が必要となります。

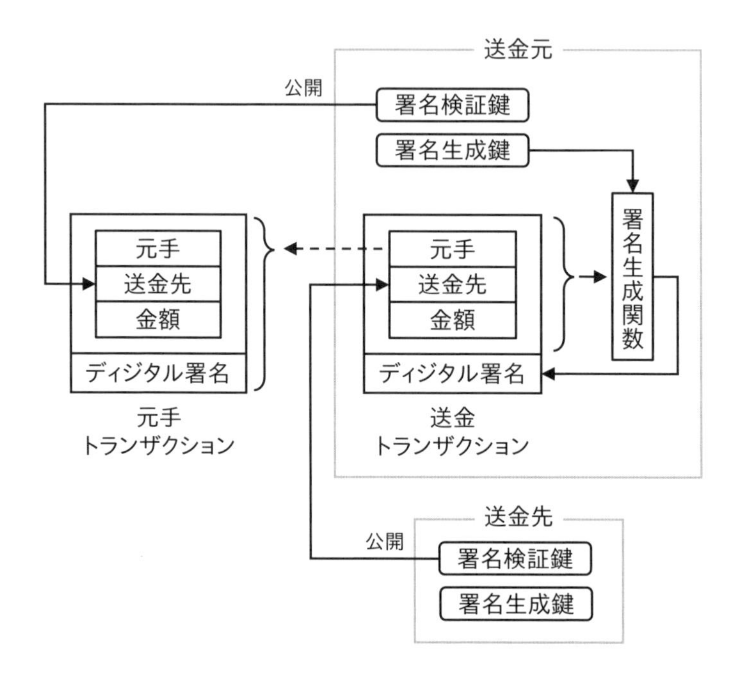

図 2-14　トランザクション

2－2－2　トランザクション

取引に関する情報をトランザクションといいます。送金に関するトランザクションには、次のような情報が含まれます。

- 送金の元手となる過去のトランザクション（過去に受け取った金額）
- 送金先
- 送金する金額
- 送金元によるディジタル署名

送金先の情報として、送金先の公開鍵（署名検証鍵）を指定します。送金された金額は、この送金先の公開鍵に対する秘密鍵（署名生成鍵）を

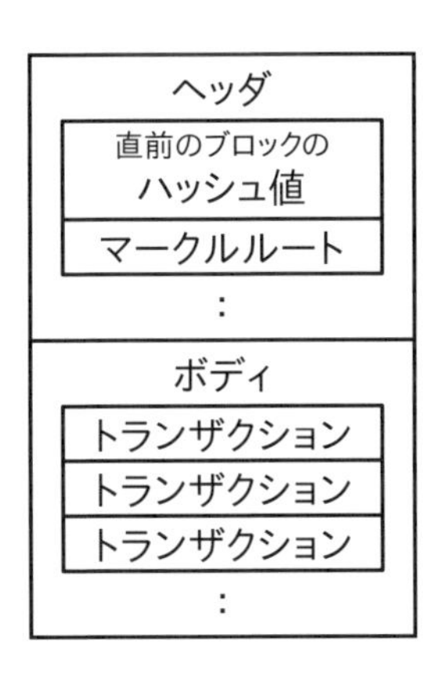

図 2-15　ブロック

もっていれば使うことができます。

送金の元手となる過去のトランザクションでは、今の送金における送金元の公開鍵が送金先として指定されています。送金するときに送金元の秘密鍵でのディジタル署名を付与すれば、過去のトランザクションに含まれる公開鍵を用いてこのディジタル署名を検証することで、今の送金元が過去のトランザクションにおいて元手となる金額を受け取っていたことが確認できます。ある参加者が発行したトランザクションはネットワーク上をブロードキャストされ、他の参加者へ伝搬されます。参加者は入手したトランザクションを検証することで、ネットワーク上でいつどのような取引が行われたかを知ることができます。

2－2－3　ブロックチェーン

各取引において生成されたトランザクションはブロックに登録されます。

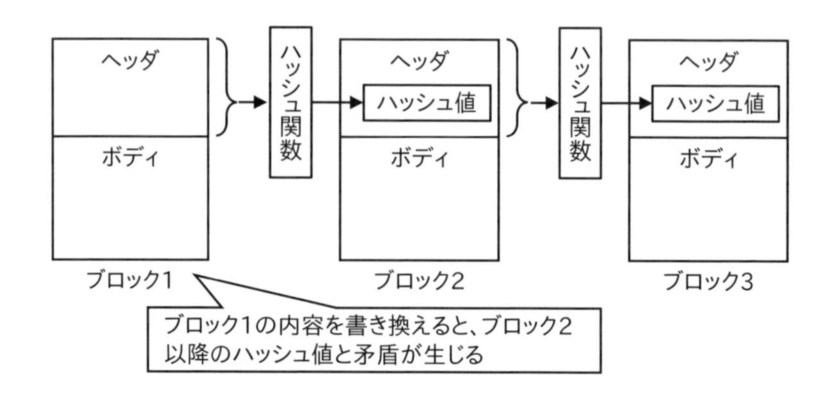

図 2-16　ブロックチェーンの構造

各ブロックは、ヘッダーとボディから成っています。ボディには、トランザクションなどの取引に関する情報が含まれています。ヘッダーには、直前のブロックのハッシュ値が含まれています。このように、前後のブロックをリンクさせることによって、ブロックの改ざんに対する抑止力となります。なぜなら、ブロックチェーンの途中にあるブロックに変更を加えると、以降のブロックのハッシュ値も変更しなければならなくなるからです。

一般的には 1 つのブロックに複数のトランザクションが登録されます。また同時に、トランザクションの順序や内容の改ざんを検知するためのハッシュ値もブロックに登録しますが、各トランザクションのハッシュ値をそれぞれ登録するのではなく、マークル木（Merkle tree）という形で登録する全トランザクションのハッシュ値を 1 つのハッシュ値に集約し、この 1 つのハッシュ値がブロックに登録されます。

例えば、4 個のトランザクション tr_1, tr_2, tr_3, tr_4 から 1 つのハッシュ値 h を計算する場合は、次のような計算をします。ここで、H はハッ

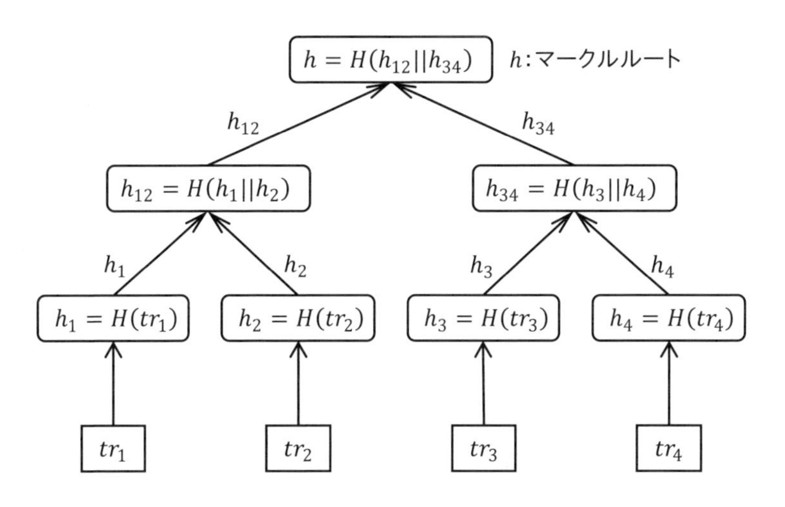

図 2-17　マークル木

シュ関数、$||$ は連結を意味します。

$$\begin{aligned} h_1 &= H(tr_1), \\ h_2 &= H(tr_2), \\ h_3 &= H(tr_3), \\ h_4 &= H(tr_4), \\ h_{12} &= H(h_1||h_2), \\ h_{34} &= H(h_3||h_4), \\ h &= H(h_{12}||h_{34}). \end{aligned}$$

トランザクション tr_1, tr_2, tr_3, tr_4 のいずれの内容や順序が変更されるとハッシュ値 h が変わるため、あらかじめ計算しておいたハッシュ値と比較することで、トランザクションの改ざんを検知することができま

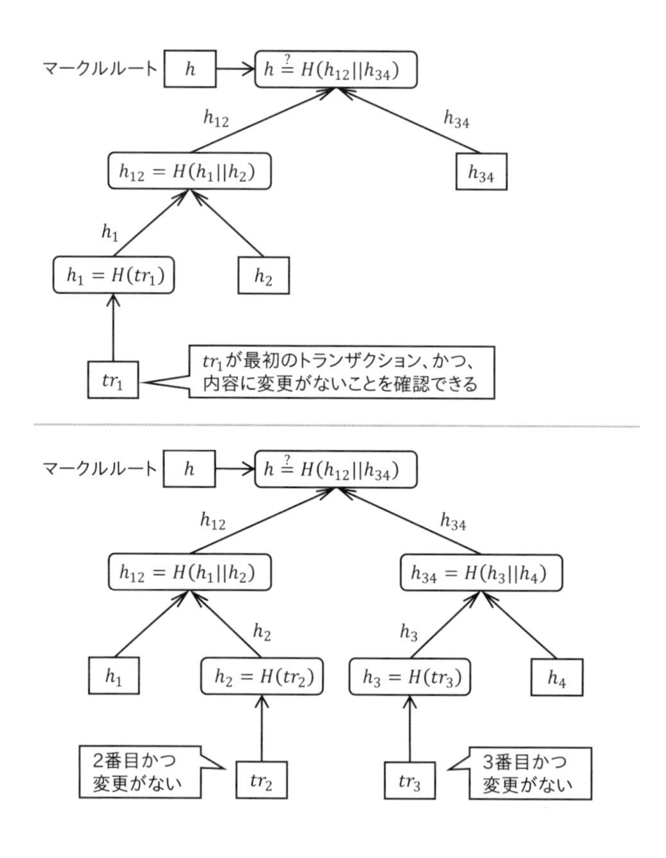

図 2-18　マークル木を用いた改ざん検知

す。このハッシュ値をマークルルートと呼びます。また、このようにハッシュ値を計算することで、あるトランザクションの改ざんの有無を確認する場合に、他のトランザクションを入手せずに済んだり、ハッシュ値の計算を減らしたりことができます。例えばトランザクション tr_1 が変更されていないことを確認するためには、h_2, h_{34}, h が用意されていれば、$h_1 = H(tr_1)$ と $h_{12} = H(h_1||h_2)$ を計算し、$H(h_{12}||h_{34})$ が h と一致することを確認することで、tr_1 が変更されておらず、かつ、こ

のブロック内の最初のトランザクションであることが確認できます。

同様に、トランザクション tr_2 と tr_3 が変更されていないことを確認するためには、h_1, h_4, h が用意されていれば、$h_{12} = H(h_1||H(tr_2))$ と $h_{34} = H(H(tr_3)||h_4)$ を計算し、$H(h_{12}||h_{34})$ が h と一致することを確認することで、tr_2 と tr_3 が変更されておらず、かつ、このブロック内の2番目と3番目のトランザクションであることが確認できます。

2－2－4　コンセンサス

参加者はいくつかのトランザクションをまとめてブロックを作成し、ブロックチェーンに追加することができます。しかし、複数の参加者がブロックを作成する場合、どのトランザクションからブロックを作成するかは参加者によって異なり、複数のブロックチェーンが並行して存在することになる可能性があります。そのため、ある参加者が作成したブロックをブロックチェーンに追加することについて、他の参加者の同意を得る必要があります。この同意を得ることをコンセンサスと呼びます。コンセンサスの方法として、PoW (Proof of Work) や PoS (Proof of Stake) があります。

PoW はビットコインで用いられてるコンセンサス方法です。PoW では、ブロックの追加を提案する複数の参加者の中から1人の参加者を選ぶため、多くの計算量を必要とする計算をそれぞれの参加者にさせ、一番早く計算できた参加者にブロックの追加を認めることとしています。具体的には、ブロックに含まれるナンス (nonce) と呼ばれる値を変更し、追加するブロックのハッシュ値が目標とするハッシュ値を下回るようにするという計算です。2－1－1節で紹介したようにブロックチェーンでは暗号学的ハッシュ関数が用いられますが、暗号学的ハッシュ関数では、メッセージからハッシュ値を計算することは簡単に行えますが、あるハッシュ値となるようなメッセージを計算することは困難となっています。すなわち、目標とするハッシュ値を下回るようなハッシュ値をあらかじめ決めておき、そのハッシュ値となるようなナンスを計算することは難しい、ということになります。そのため、ナンスを適当に決めた上でハッシュ値を計算し、そのハッシュ値が目標を下回るかを確認する、ハッシュ値が目標より大きければ、ナンスを別の値に変えてハッシュ値を計算し、そのハッシュ値が目標を下回るかを確認する、という計算を繰り返して、ハッシュ値が目標を下回るようなナンスを探すことになります。

目標を下回るハッシュ値となるナンスが見つかれば、そのナンスを含むブロックを、ブロックチェーンネットワークを通じて各参加者と共有します。各参加者は、このブロックからハッシュ値を計算し、ハッシュ値が目標を下回ることを確認します。ハッシュ値が目標を下回ることが確認されれば、このブロックがブロックチェーンに追加されます。

目標値を下回るナンスを探すために必要な計算量は、目標とするハッシュ値の設定によって変わってきます。目標とするハッシュ値が小さいほど、これを下回るハッシュ値となるナンスが少なくなるため、探すのには時間がかかり、より多くの計算量を必要とします。ビットコインにおいては、約 10 分ごとにブロックの追加が行われるように計算量が調整され、計算量は定期的に見直されます。

複数のトランザクションをまとめてブロックを作成し、作成したブロックに対するナンスを探し、新しいブロックをブロックチェーンに追加する一連の作業のことをマイニング（mining、採掘）と呼び、マイニングを行う参加者をマイナー（miner）と呼びます。ビットコインでは、ブロックの追加に成功したマイナーは、報酬としてビットコインを得ることができます。マイニングには多くの計算量を必要とし、また、

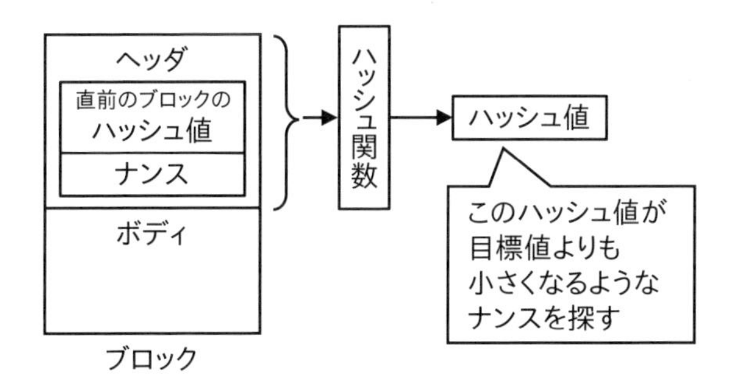

図 2-19　PoW (Proof of Work)

他のマイナーよりも早くマイニングする必要があるため、マイニングには高性能なコンピュータや多くの電力が必要となります。マイナーは報酬を目当てにして、自主的に高性能なコンピュータを用意し、マイニングに挑戦します。

PoW では高性能なコンピュータや多くの電力が必要とされるため、より高性能なコンピュータを用意できる限られた参加者が有利になり、また、マイニングで多くの電力を消費するため環境への負荷も懸念されます。このような問題への対策として、コンセンサスアルゴリズムとして PoS を採用したり、Ethereum のように PoW から PoS へ移行したりする暗号資産があります。PoS では、保有している暗号資産の量や期間によって、新しいブロックを追加する参加者を選ぶ仕組みとなっています。そのため、ブロックを追加する参加者として選ばれるためには、ある程度の額の暗号資産を使用せずに確保しておく必要があり、このことをステーキング（staking）と呼びます。また、ブロックを追加する参加者として選ばれ、ブロックの生成やブロック追加時の承認を行う参加者をバリデータ（validator）と呼びます。バリデータはブロックの追加に貢献することで報酬を得ることができます。PoS では PoW でのマイニングに相当する作業をミンティング（minting、鋳造）やフォージング（forging、鋳造）と呼ぶことがあります。より多くの暗号資産をより長い期間保有している参加者が有利となり、マイニングの早さを競い合う必要がなくなります。一方で、多くの暗号資産を保有している一部の参加者が常に有利となる問題が起こりうるため、ランダム化の仕組みも入れるなどの対策をすることがあります。

コラム　51 %攻撃

攻撃者（マイナーの集団）が多くのコンピュータやより高性能なコンピュータを用意することで多くの計算能力をもち、ハッシュレート全体の半分よりも多くのハッシュレートを実現することを 51%攻撃と呼びます。ここでハッシュレートとは、1 秒間に実行するハッシュ計算の回数のことをいいます。PoW ではナンスを変えながら何回もハッシュ値を計算して、目標のハッシュ値を得ようとします。そのため、マイニングでは多くのハッシュ計算を必要とします。

51%攻撃は、攻撃者にとってどのような利点があるのでしょうか。51%攻撃が実現できると、次に示すような、ブロックチェーンに格納されているトランザクションをキャンセルする攻撃が可能となります。攻撃者はまず、正当なブロックチェーンと別に、正当なブロックチェーンよりも長いブロックチェーンを生成して隠し持っておきます。次に、攻撃者はこの隠し持っているブロックチェーンをあるタイミングで公開します。他のノードは、一番長いブロックチェーンを正当なものと判断してブロックチェーンを伸ばそうとするため、攻撃者が公開した方のブロッ

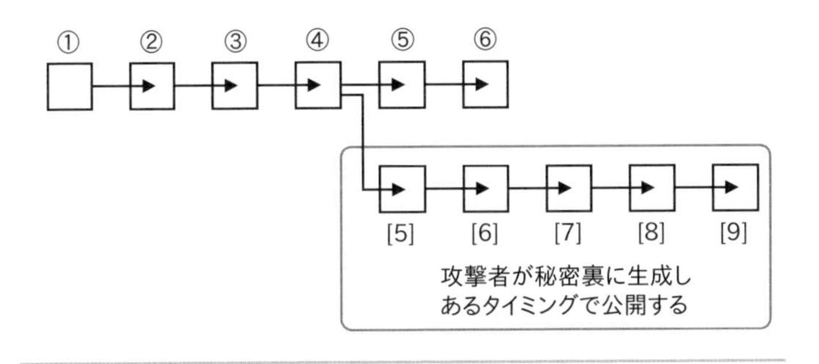

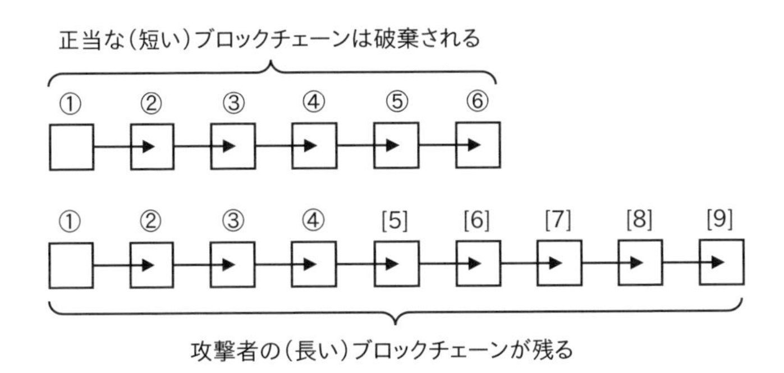

図 2-20　block withholding 攻撃

クチェーンを伸ばそうとします。これにより、正当なブロックチェーンに格納されていたトランザクションがキャンセルされてしまいます。この攻撃は block withholding 攻撃と呼ばれます。block withholding 攻撃を成功させるためには、攻撃者が生成するブロックチェーンが正当なブロックチェーンよりも長くなる必要がありますが、攻撃者のハッシュレートが全体の半分を超えていれば、正当なブロックチェーンよりも早く伸ばすことが可能になります。

また、block withholding 攻撃が可能であれば、次の手順で二重支払いをすることが可能になります。

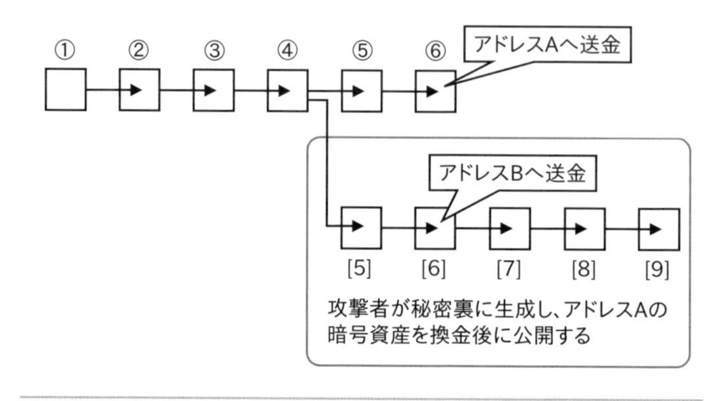

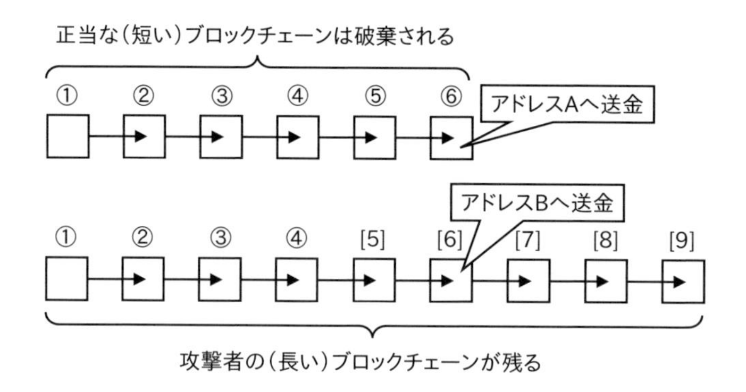

図 2-21　二重支払い攻撃

1. 攻撃者はアドレス A を用意し、アドレス A へ送金するトランザクションを発行し、正当なブロックチェーンに格納する。
2. 攻撃者はアドレス B を用意し、アドレス B へ送金するトランザクションを発行し、攻撃者が隠し持っているブロックチェーンに格納する。
3. 攻撃者は取引所でアドレス A の暗号資産を法定通貨に換金し、換金後に block withholding 攻撃を行う。

これにより、アドレスＡへのトランザクションはキャンセルされ、アドレスＢへ送金されたことになります。一方、アドレスＡへ送金された暗号資産は法定通貨に換金されて攻撃者の手元に残ります。すなわち、攻撃者は同じ暗号資産をアドレスＡとアドレスＢへ二重に送金できたことになります。このとき、取引所は送金されたはずの暗号資産を失い、かつ、すでに法定通貨を支払っているため、損をしたことになります。

PoWにおいて51％攻撃を防ぐことは難しいですが、一方で、多くの計算能力を用意するコストが高く、また、51％攻撃が可能なマイナーが存在すると、攻撃のリスクから暗号資産の価値が下がって、攻撃者が利益を得にくくなり、掛かるコストに対して得られる利益が少なくなることから実際には51％攻撃は発生しにくいとも考えられています。

また、マイニングに高性能なコンピュータが用いられたり、多くのマイナーがマイニングに参加したりすると、その暗号資産において実行されるハッシュ計算が多くなり、ハッシュレートが高くなります。全体のハッシュレートが高くなるほど、攻撃を成功させるために必要となるハッシュレートが高くなり、攻撃者はより多くの計算能力を用意しなければなりません。従って、ハッシュレートが高い暗号資産は攻撃が行われる可能性が低い、すなわち、攻撃に対して安全な暗号資産とも考えられます。

2－2－5　フォーク

新しく追加が提案されたブロックは、他の参加者において妥当性が検証され承認されれば、ブロックチェーンに追加されます。しかし、提案されたブロックがネットワーク全体に伝搬するまでには時間がかかるため、同時期に複数の箇所でブロックの追加が提案され、承認されることがあります。その場合、参加者によってブロックチェーンに追加するブロックが異なることがあり、あるブロック以降が異なる複数のブロックチェーンが存在することになります。このことをブロックチェーンの分岐（fork、フォーク）といいます。分岐が発生した場合、参加者はいずれかのブロックチェーンを選んでブロックの追加を続けていきますが、各ブロックチェーンの長さの差が大きくなると、一番長いブロックチェーンのみを残して他のブロックチェーンを破棄することで分岐を解消します。そのため、参加者がブロックチェーンにブロックを追加するときには、今後も継続して残る可能性が高い、その時点で一番長いブロックチェーンに追加することが有利になります。

ブロックチェーンの分岐は、処理効率の向上や安全性の改善などのためにブロックチェーンの仕様が変更されたときにも発生する可能性があります。この分岐は、ハードフォークとソフトフォークの２種類に分類されます。新しい仕様に合わせてアップデートされたノードと古い仕様のままのノードが混在している場合、ブロックが生成されるときに従う仕様がノードによって異なるため、仕様の変更のされ方によっては、あるノードが生成したブロックが他のノードでは仕様に反している無効なブロックとして扱われる場合があります。従って、新しい仕様が古い仕様と互換性をもつかどうかで、ハードフォークになるかソフトフォークになるかが決まってきます。

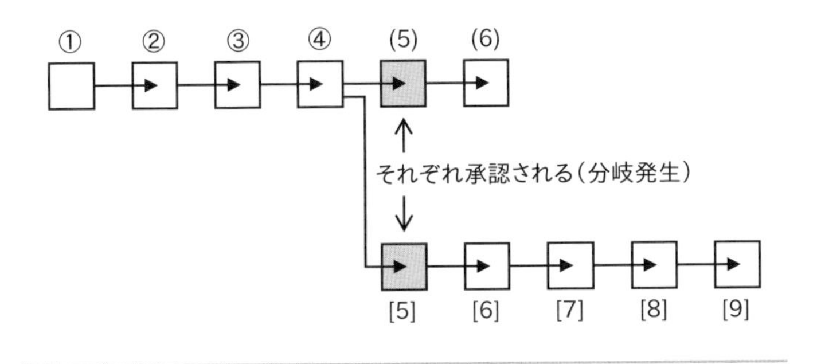

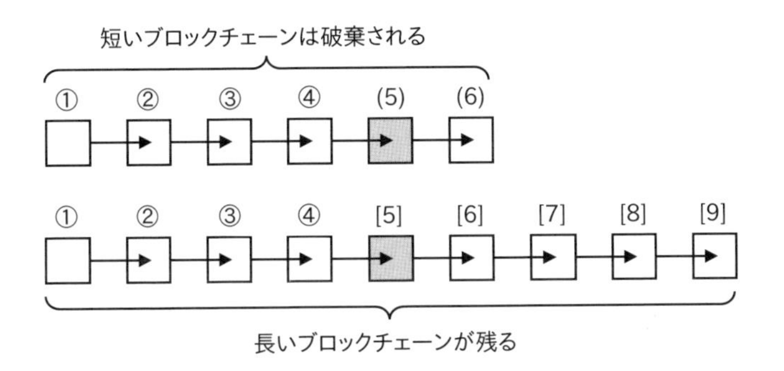

図 2-22　ブロックチェーンの分岐

ハードフォークは、古い仕様とは互換性をもたないような仕様変更がされた場合に起こる分岐で、新しい仕様によって生成されたブロックが古い仕様においては無効となる場合があります。そのため、古い仕様に従っているノードが新しい仕様のブロックを無効とみなして、この新しい仕様のブロックに続くブロックチェーンを構築せず、ブロックチェーンを分岐させて新たなブロックチェーンを構築することになります。

ソフトフォークは、仕様が厳格になる方向で変更された場合など、古い仕様と互換性をもつような仕様変更がされた場合の分岐で、新しい仕様によって生成されたブロックが古い仕様においても有効と判断され

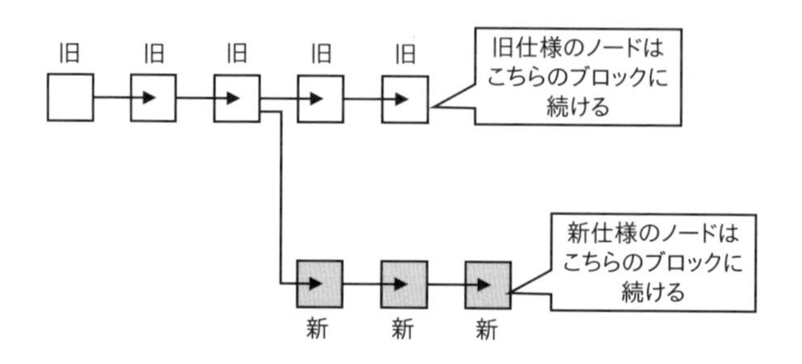

図 2-23　ハードフォーク

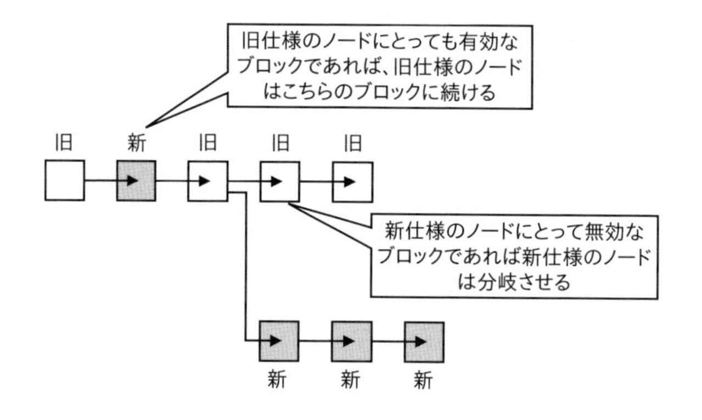

図 2-24　ソフトフォーク

ます。ただし、新しい仕様に従っているノードから見たとき、古い仕様のブロックが無効と判断される場合があります。

2－2－6　ウォレット

ブロックチェーンを利用する上で必要な秘密鍵や公開鍵を管理するための道具をウォレットといいます。ウォレットには大きく分けて、ホットウォレットとコールドウォレットの 2 種類があります。ホットウォレットはネットワークに接続して使用し、コールドウォレットはネットワークには接続せずにオフラインで使用します。ホットウォレットはネットワークに接続されているため、すぐに使用できて便利である一方、サイバー攻撃を受けるなどして秘密鍵が漏えいするリスクが高まります。コールドウォレットはネットワークから切り離されているため、より安全に秘密鍵などを管理することができます。

ホットウォレットには、デスクトップウォレット、モバイルウォレット、ウェブウォレットなどがあります。デスクトップウォレットではコンピュータに専用のソフトウェアをインストールし、そのソフトウェアの中で鍵を管理します。モバイルウォレットではスマートフォンに専用のアプリをインストールし、そのアプリの中で鍵を管理します。ウェブウォレットではネットワーク上にあるサーバの中で鍵を管理します。

コールドウォレットには、ハードウェアウォレットやペーパーウォレットなどがあります。ハードウェアウォレットでは専用の機器で鍵を管理します。普段はコンピュータから切り離しておき、鍵を使用するときにコンピュータに接続します。ペーパーウォレットでは鍵などの情報を紙に印刷して管理します。情報はQRコードなどに変換して印刷しておき、使用するときにはQRコードを読み込みます。

2－2－7　ブロックチェーンの分類

ブロックチェーンは、ネットワーク参加時に許可が不要であるパーミッションレスブロックチェーンとネットワークに参加時に許可が必要なパーミッションドブロックチェーンに分けられます。パーミッションレスブロックチェーンはパブリックブロックチェーンとも呼ばれ、誰でも自由にネットワークに参加し、トランザクションを作成したり内容を確認したりすることができます。そのため、全体のノード数が不明だっ

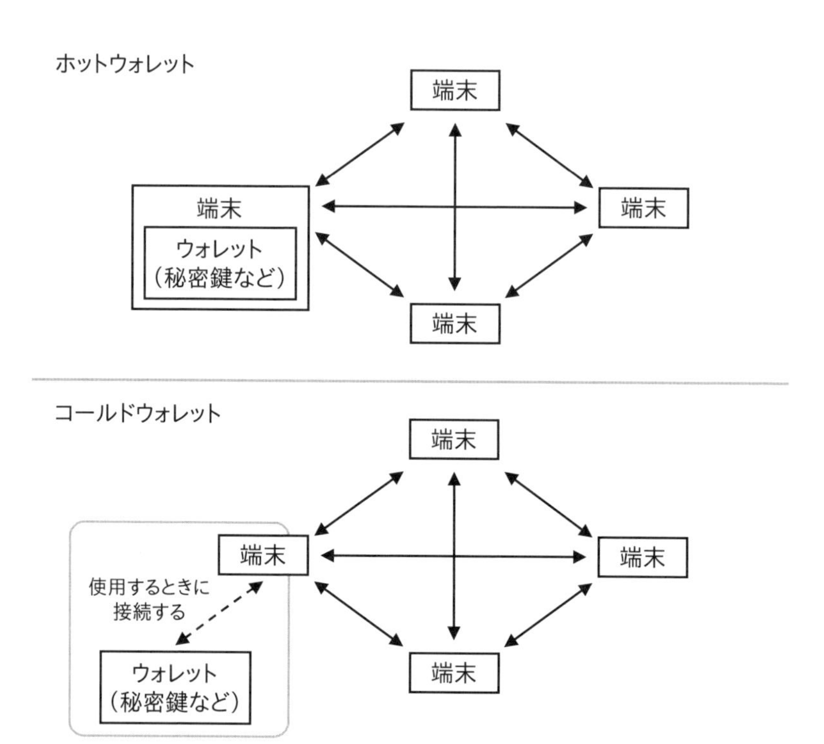

図 2-25　ウォレット

たり、不正な振る舞いをするノードが存在する可能性があります。ビットコインや Ethereum はパブリックブロックチェーンとなっています。一方、パーミッションドブロックチェーンでは、ネットワークに参加できるノードを制限しており、ネットワークに参加するためには管理者の許可を得る必要があります。従って、ネットワークに参加するノードを信用できるノードに制限することで不正行為を起こりにくくしたり、参加するノード数を制限することで通信速度や処理速度の低下を抑える効果が期待できます。Hyperledger Fabric[1]などがパーミッションドブロックチェーンとなっています。パーミッションドブロックチェーンのうち、単一の管理者で管理されているものはプライベートブロックチェーンと呼ばれ、複数の管理者（企業や団体）で共同管理されているものはコンソーシアムブロックチェーンと呼ばれます。

2－3　ブロックチェーンの派生技術

2－3－1　暗号資産

ブロックチェーンを用いて実現されているものの1つとして、暗号資産があります。暗号資産は、仮想通貨や暗号通貨と呼ばれることもあります。2008年にSatoshi Nakamotoによって提案されたビットコイン(BTC) [3]の他にも、Ethereum (ETH)[2]やライトコイン(LTC)[3]などの暗号資産があります。日本円、アメリカドル、ユーロなどの中央銀行が発行する既存の通貨（法定通貨）は、その国や中央銀行の信用が価値となります。また、国や中央銀行が発行量や流通量を制御できます。一方で、多くの暗号通貨は国や中央銀行で管理されていないため、価値が特定の国の政策などに影響されることは少なくなりますが、市場によって価値が決まるため、急激な高騰や暴落が発生する可能性が高くなります。暗号資産の中には、法定通貨などと連動させることで急激な価格変動を抑えたステーブルコイン（stablecoin）と呼ばれるものもあります。暗号資産と法定通貨の交換（売買）は、暗号資産交換業者を通じて行われます。

---

[1] https://www.hyperledger.org/use/fabric/
[2] https://ethereum.org/
[3] https://litecoin.org/

2－3－2　スマートコントラクト

ブロックチェーン上でプログラムを実行する仕組みがスマートコントラクトです。ノードに実行させたい処理をプログラムとしてトランザクションに記述しておくことで、トランザクションを受け取ったノードにプログラムを実行させることができます。例えば Ethereum では、Solidity などのプログラミング言語を用いて記述されたスマートコントラクトは、Ethereum 仮想マシン（Ethereum Virtual Machine, EVM）で実行されます。Ethereum スマートコントラクトの詳細は次章で説明します。スマートコントラクトによって、暗号資産に限らず色々な取引をブロックチェーン上で行うことができます。

2－4　ブロックチェーンの使い道

ブロックチェーンは手段の 1 つですので、何でもかんでもブロックチェーンを用いれば良いというものでもなく実現したいことに合わせてブロックチェーンを使うべきかどうかを考えると良いでしょう。実現したいことや状況を考えたとき、ブロックチェーンを使うよりも従来の技術を使った方が効率よく実現できる場合があります。逆に、ブロックチェーンを用いることで、安全なサービスが容易に実現できる場合もあります。

一般に、ブロックチェーンに期待することとして、次のようなことが挙げられます。

- 非中央集権型のため、特定の管理者が不要である
- 複数の端末でデータの複製をもつため、故障や攻撃に対する耐性が高い
- データの改ざんを検知することができる

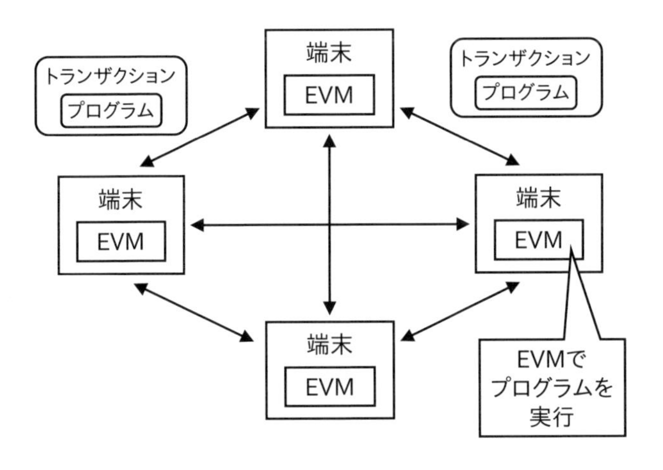

図 2-26　スマートコントラクト

- 全参加者が取引情報を検証することができ、透明性が高い

ブロックチェーンはこれらのことが実現できる仕組みとなっており、ブロックチェーンを用いることで、比較的安価で容易にシステムを構築することができます。一方で、ブロックチェーンでは参加する端末が増えるほど、互いにやり取りする通信量や各端末で行う処理が増えることになります。トランザクションがブロックチェーンに登録されるまでに時間がかかったり、いつまでも登録されなかったりして、特定の管理者を置く場合と比べて処理時間がかかったり、処理がされない場合があります。また、ブロックチェーンでは透明性が高くなる反面、特定のユーザに対してのみデータにアクセスさせたい場合には工夫が必要となります。

もし特定の信頼できる管理者（サービスを提供する事業者など）を置くことができる、すなわち、上述の期待することのうちの１つ目を考えなくても良いならば、残りの項目については、ブロックチェーンではなく従来の技術でも実現することができます。例えば、ブロックチェーンで実現しようとしている機能を特定の端末（サーバ）で実現することとします。故障や攻撃への耐性を高めたければ、サーバを複数台して冗長化することで実現でき、各データにディジタル署名を施すことで改ざんを検知することもできます。また、サーバで扱っている取引情報を公開することで、誰でも検証することができるようになります。

表2-6にブロックチェーンを用いるかどうかを判断する際のポイントを列挙しました。これらのポイントを参考にブロックチェーンを適切に使うことが大切です。例えば、資格試験の合格証や免許証、大学の卒業証明など、能力や資格を有することを他人に証明したい場合には、誰でも履歴が確認でき改ざんへの耐性があるブロックチェーンの利用が向いていると考えられます。一方で、暗号資産のように決済手段でブロックチェーンを用いる場合、低コストで安全なシステムを構築することができますが、決済に時間がかかるため、電子マネーのように即時決済を行う場合には工夫が必要となります。ブロックチェーンの応用例は5章でも紹介しています。

表 2-6　ブロックチェーンの向き不向き

向いている	向いていない
● 特定の管理者を用意するのが難しい ● 誰でも取引に参加できるようにしたい ● 誰でも取引履歴を確認できるようにしたい ● システム構築のコストを下げたい	● 処理速度を重視する ● 取引履歴の修正や削除が必要となる ● 参加者を制限したい ● 参加者数や取引回数などの規模が大きい

参考文献

[1] D. R. L. Brown. Sec 1: Elliptic curve cryptography. *Standards for Efficient Cryptography*, 2009.

[2] D. R. L. Brown. Sec 2: Recommended elliptic curve domain parameters. *Standards for Efficient Cryptography*, 2010.

[3] Satoshi Nakamati. Bitcoin: A peer-to-peer electronic cash system, 2008.

[4] National Institute of Standards and Technology. Digital signature standards (DSS). 2013.

[5] R. L. Rivest, A. Shamir, and L. Adleman. A method for obtaining digital signatures and public-key cryptosystems. *Communications of the ACM*, 21(2):120–126, 1978.

[6] デジタル庁，総務省，経済産業省．電子政府における調達のために参照すべき暗号のリスト（CRYPTREC 暗号リスト），2023.

3
Ethereum スマートコントラクト

Ethereum スマートコントラクト は、ブロックチェーンを利用した非中央集権型アプリケーションの実行プラットホームである Ethereum 上で動作するスマートコントラクトであり、アプリケーションの構築や実行に利用されています。本章では Ethereum スマートコントラクトの動作原理やセキュリティ上の問題について紹介します。なお、本章では以降、Ethereum スマートコントラクトを単にスマートコントラクトと記載します。

3－1　スマートコントラクトとは

そもそもスマートコントラクトとは何か説明します。実はスマートコントラクトという概念はブロックチェーンが登場するよりも以前、1996 年に Nick Szabo が執筆した「Smart Contracts: Building Blocks for Digital Markets」に登場しています。当時は“契約をスムーズに行う技術”という定義でした。しかし、ブロックチェーンが広まった現在

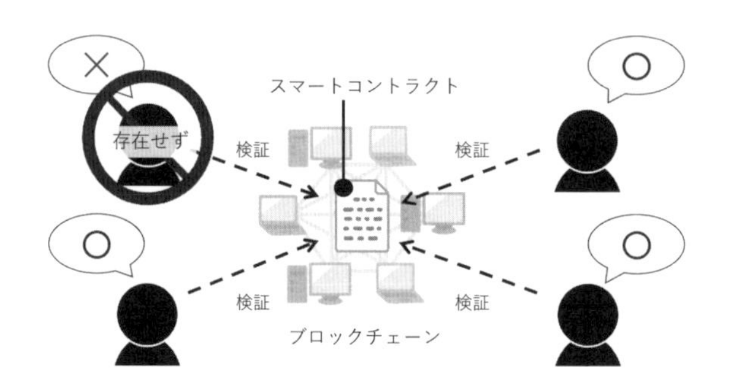

図 3-1　スマートコントラクト [1]

では、スマートコントラクトはより詳細な概念となっています。これはEthereum の開発者であるGavin Wood が提唱した概念によるもので、スマートコントラクトは「Ethereum ネットワークプロトコルの一部として、EVM（Ethereum Virtual Machine）の文脈として確定的に実行される、変更不可能なコンピュータプログラム」とされています。

スマートコントラクトのプラットホームとしては、ビットコインに次ぐ時価総額を誇るEthereum が最も一般的となっています。Ethereum スマートコントラクトは例えば非代替性トークン (Non-Fungible Token, NFT) によるディジタルコンテンツの取引や分散アプリケーション (Dapps) の開発など、様々な用途に利用されています。

その一方で、Ethereum スマートコントラクトのコードに脆弱性があった場合、大規模な被害が長期にわたって引き起こされる可能性があります。このため、いかに安全なコードを実装できるかが中心になっています。本書ではEthereum スマートコントラクトのセキュリティについて紹介しますが、その前にまずはEthereum スマートコントラクトの仕組みについて紹介します。

3－2　Ethereum スマートコントラクトの仕組み

Ethereum スマートコントラクトは大まかにはプログラミングプラットホームになります。ただし、C 言語など他のプログラミングプラットホームと比べて、Ethereum スマートコントラクトは独自の概念が多くあります。まずそれらについて説明します。

コントラクト　Ethereum スマートコントラクトでは、ひとつのプログラムがコントラクト という単位で扱われます。Ethereum におけるコントラクトの記述には Solidity や Vyper といった高水準言語が使用され、そのコードを記述することで Ethereum の暗号通貨である Ether の取引のみでなく複雑な処理を必要とする取引などを容易に実現することが可能です。Solidity などで記述されたコントラクトは EVM バイトコード へコンパイルされ、ブロックチェーン上で初期化・展開されます。このブロックチェーン上に展開される動作をデプロイといいます。言語としては Solidity が最も多く扱われています。

アカウント　Ethereum では、各ユーザやコントラクトに 160 ビットのアドレスが割り当てられ、そのアドレスで識別されるものをアカウントと呼びます。アカウントにはユーザに割り当てられるアカウントである EOA (External Owned Account) と、コントラクトに割り当てられるコントラクトアカウントの 2 つがあります。また、トランザクションの実行や検証には、これらのアカウント情報が必要であるため、各マイナーは全アカウントの情報を保持しています。以下にそれぞれのアカウントについて説明します。

まず EOA は一般的なコンピュータシステムのアカウントと同様のユーザを識別するためのアカウントであり、そのユーザが持つ残高を保

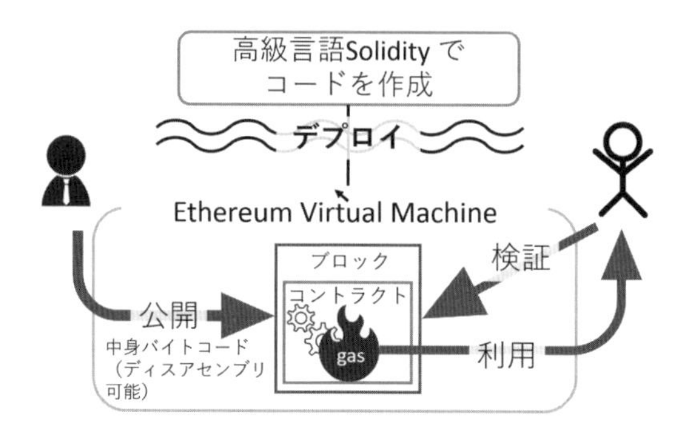

図 3-2 EVM

存します。トランザクションは EOA のみが発行することが可能です。他のユーザへの送金を行う場合は、その EOA を宛先としたトランザクションを発行します。また、コントラクト実行などは、対応するコントラクトアカウントを宛先としたトランザクションを発行することで行われます。

一方、コントラクトアカウント はコントラクトを識別するためのアカウントであり、このアカウントでは、内部状態を保持するストレージや実行コードが格納されています。また、ブロックチェーン上のこのコントラクトの場所を示すアドレスを所持しています。

EVM (Ethereum Virtual Machine) Ethereum では､コントラクトを実行するための仮想マシン､EVM を備えています。Ethereum ネットワークに参加しているマイナーは、自身のマイニングノードに構築された EVM を使用し、EVM バイトコードへ変換されたコントラクトを実行します。

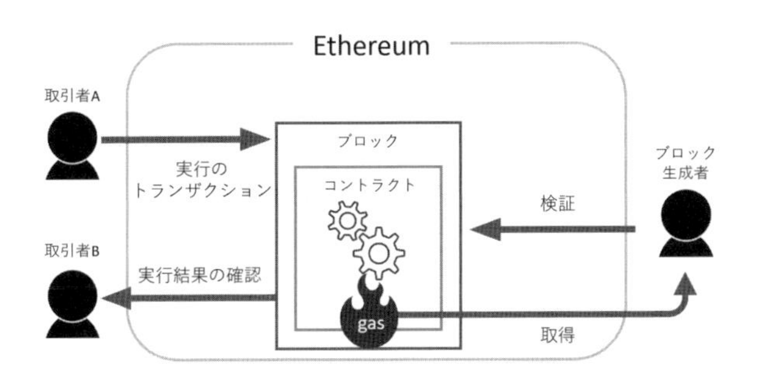

図 3-3　ガスの仕組み

ガス (gas)　コントラクトの実行に必要となる手数料の算出単位をガス (gas) といい、トランザクションのサイズと、コントラクトの実行ステップ数によって決定されます。手数料の支払い先はマイナーであり、トランザクションのマイニングに対する成功報酬となります。ガスの値はトランザクションの発行者が自由に設定できます。ガスを高く設定するとマイナーへの報酬が増えるため、優先的にこのトランザクションをマイニングしてもらえる可能性が高くなります。また、トランザクションを発行する際、そのトランザクションに使用できるガスの上限値 (gasLimit) を指定する必要があります。ただし、ガスの上限値はトランザクションの発行者が支払える額、つまり残高を超えることはできません。ガスの上限値を設けることで、コントラクトのコード内に不具合があったとしても終了することが保証されます。例えば、無限ループに陥ってしまうようなコードの場合、実行ステップが無限に増加することで、それに伴い使用するガスも増加します。しかし、ガスの上限値へ達した場合はそこでコントラクトの実行が終了されます。ただし、これによって変更された状態は元に戻されますが、手数料はマイナーへ支払われることとなります。

3－2－1 記述言語

Ethereum スマートコントラクトの記述言語は、Vyper や Solidity がありますが、Solidity が最も広く使用されています。この Solidity のコンパイラは頻繁に更新が行われており、4 章でも少し触れますが、更新内容には脆弱性対策なども含まれています。2020 年 12 月に開発された v0.8.0 への更新では算術オーバーフロー、アンダーフローへの対策が行われました。

Solidity のプログラムは、例えばコード 3.1 のようなものであり、一般的なプログラミング言語と類似した構文であることが分かります。

コード 3.1 Solidity のソースコードの例

```
1    contract HelloWorld {
2        function get() contract returns (string retVal) {
3            return "Hello World!!";
4        }
5    }
```

3－2－2 コントラクトの実行

コントラクトの実行について、前節で述べたソースコード 3.1 を用いて説明します。なお、以下で述べる例は Remix-IDE バージョン 0.32.0[1] での実行例です。まず、Remix-IDE の起動は Remix の URL にアクセスするだけで可能です。また、ソースコードのデプロイや実行に必要な仮想通貨もテスト環境用のものがあらかじめ用意されています。このため、簡単なコードの実行や評価なら、Remix-IDE は環境構築など必要なくブラウザのみで実行ができるため、大変便利です。なお、インターフェースや出力画面はツールあるいは同じツールでもバージョンによって異なる点に注意してください。また、以下の例では Remix-IDE

[1] https://remix.ethereum.org/

の起動時に適当に生成されるアカウントが利用されています。実際に利用する際は適宜、自分のユーザ名に読み替えてください。

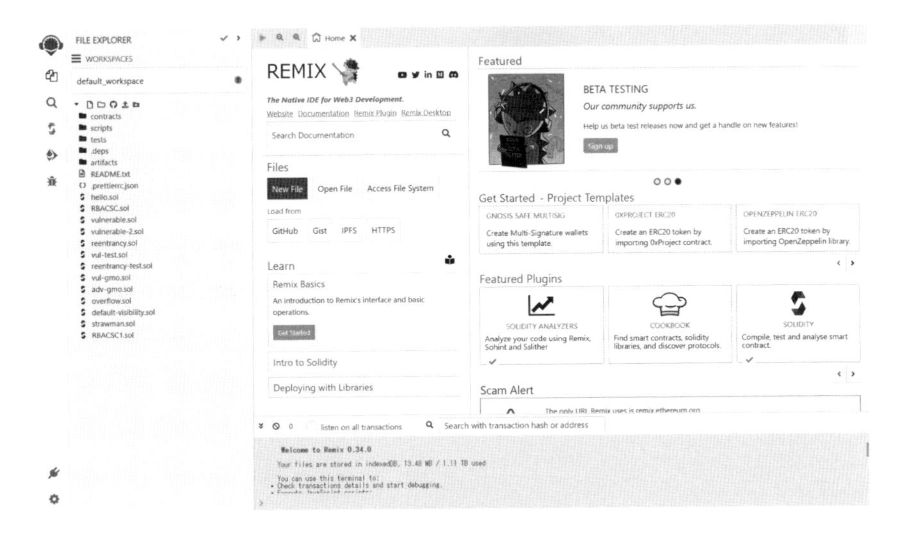

図 3-4　Remix-IDE の画面

さて、Remix-IDE を起動すると、図 3-4 の画面が表示されます。このとき、画面中央のボタンで記載されている"New File"のボタンをクリックすると、新しいファイルが画面上に登場します。ここでは名前を `hello.sol` とします。この `hello.sol` をクリックすると、空のエディタが表示されますので、さきほどのソースコード 3.1 を入力してみてください。画面は図 3-5 のようになります。

図 3-5 の画面では、右側上部が入力したソースコード、右側下部がトランザクションを確認できるターミナルになっています。画面の一番左側にあるリストから①が出ているアイコンをクリックしましょう。画面が図 3-6 のように変わります。あとは、画面左側のボタンにある"Compile hello.sol"をクリックしましょう。画面に変化がなにも起

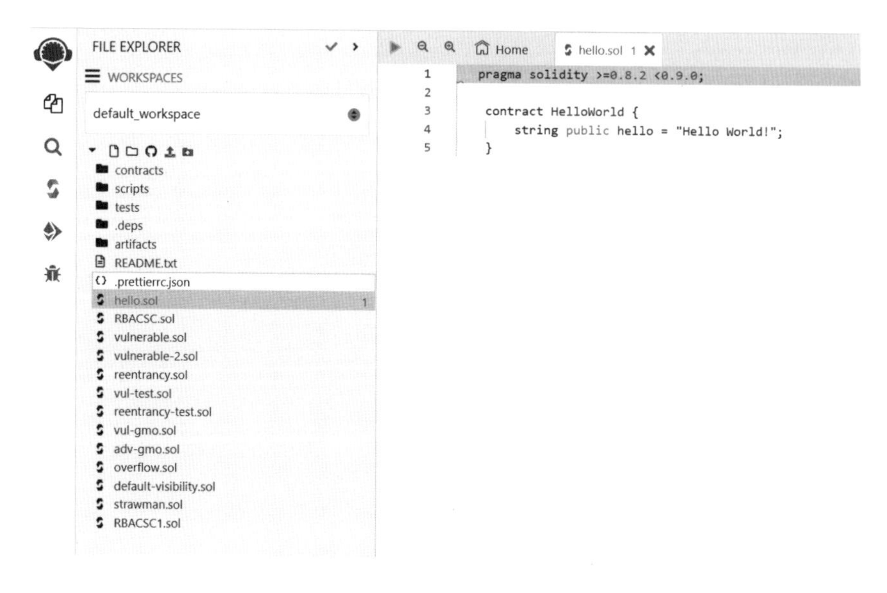

図 3-5 Remix-IDE の編集画面

きなかったら、ここまでは成功です。なお、画面上ではライセンスの表記がないため警告がでていますが、ここでは無視してください。

次に、画面の一番左側にあるリストから、先ほどの①が出ているアイコンの、その下のアイコンをクリックしましょう。画面が図 3-7 のように変わります。この画面左側に表示されている"Deploy"のボタンを押せば、デプロイ完了です。画面の右側下部にあるターミナルが動き、チェックマークが表示されたらデプロイ完了です。このチェックマークは、ソースコードのコンパイルおよびデプロイが成功したことを意味します。

さて、このソースコードの意味について説明します。まずソースコードは文字通り、"Hello World!"と表示するだけの機能です。この処理自体はソースコード 3.1 内の 3-5 行目の処理で実行されています。一方、

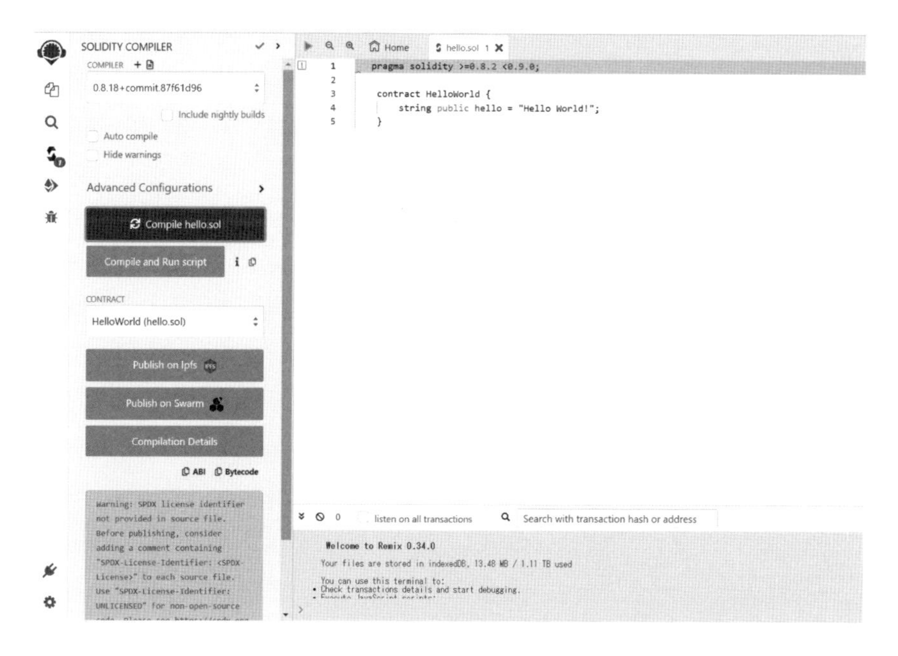

図 3-6　Remix-IDE のコンパイル

まず Solidity ではコンパイラのバージョンを指定する必要があり、これは1行目で指定されています。ここで指定されているバージョンは 0.8.2 から 0.9.0 です。また、3行目の `contract` は、Solidity のコードの最小単位であるコントラクトの定義に相当しており、`HelloWorld` という名前のコントラクトが5行目までの間で定義されていることを意味します。重要な観点は4行目の `string public hello` です。実際のエディタ上で `string` と `public` は文字色が変わって表示されていると思います。これは Solidity の組み込み関数であることを意味しています。では、最後の `hello` はなにか？実はこれはスマートコントラクト内のインターフェースに相当します。実際にデプロイされたコントラクトを見てみましょう。

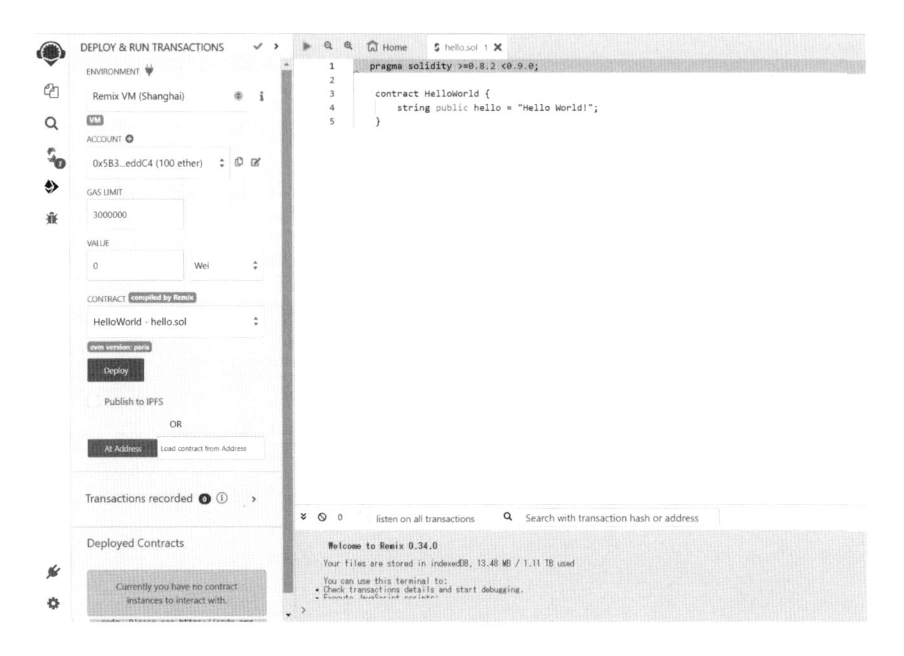

図 3-7　Remix-IDE のデプロイ

画面左下に"Deployed Contracts"の文字とともに、先ほどデプロイしたコントラクトが表示されています。このコントラクトをクリックすると、画面が図 3-8 のように変わります。画面の左下にボタンで"hello"の文字が表示されているのが見えます。これが、さきほどの `string public hello` で定義されたインターフェースです。このボタンをクリックすると、画面右側下部のターミナルに `Call [call] from` で始まる文字列が表示されます。これがこのコントラクトを実行したことで発生したトランザクションに相当します。このトランザクションの右側に表示されるボタンを矢印型のリストボタンをクリックすると、コード 3.2 のような結果が表示されます。このコードにある 2 行目 `from` に記載のある情報がコントラクトを実行したユーザのアドレス、3 行目 `to`

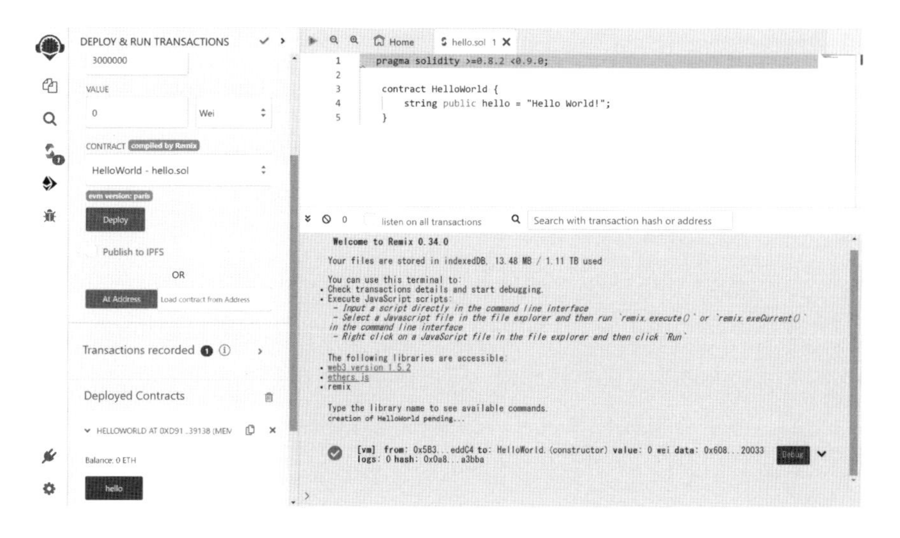

図 3-8　デプロイしたコントラクトの実行

に記載のある情報が実行されたコントラクト、4 行目 execution cost がコントラクトの実行にかかった料金になります。ユーザのアドレス記載は省略しますが、このアドレスのユーザが、HelloWorld コントラクト内の hello 関数を、3401 ガスで実行したことが分かります。あとは、このガス単価を暗号通貨（及びその為替相場）に換算すれば、プログラムの実行にいくらかかるか分かるわけです。実際には、これらの情報はブロックチェーン上から確認できるようになっています。また、7-9 行目 decoded output がこの関数の出力になっていて、Hello World! と書いてあることが読み取れます。これにより、先ほど入力したコード 3.1 が確かに実行されていることが確認できました。

コード 3.2　HelloWorld の実行

```
1    CALL [call]from: 0x5B38Da6a701c568545dCfcB03FcB875f56beddC4to: H
         elloWorld.hello()data: 0x19f...f1d21
2    from  0x5B38Da6a701c568545dCfcB03FcB875f56beddC4
```

```
3       to  HelloWorld.hello() 0xd9145CCE52D386f254917e481eB44e9943
            F39138
4       execution cost  3401 gas (Cost only applies when called by a con
            tract)
5       input 0x19f...f1d21
6       decoded input {}
7       decoded output  {
8         "0": "string: Hello World!"
9       }
10      logs  []
```

本書ではRemix-IDE の利用についてはこれ以上は触れませんが、基本的な使い方は非常に直観的で、環境構築などがなく利用できます。そのため、簡単な実験やコードの検証には大変便利ですので、ちょっと触ってみたいという方には非常におすすめです。

3－3 トークン化とそれに伴う新たな問題

3－3－1 トークン化の概念

Ethereum において、トークンとはブロックチェーン上で定義される電子資産です。昨今メディアで取り上げられているNFTもこのトークンになります。暗号資産としてのEther と異なり、トークンはある種の特化したスマートコントラクトによって実装されます。トークンは資産として運用する上で必要となる基本的な機能(具体例としてはトークンの転送などを行うtransfer 機能など) を備えており、更にコントラクト開発者が望む機能を実装することが可能です。これらトークンの基本的な機能を標準化したものがEthereum Request for Comment (ERC) 規格であり、ERC 規格に沿ってトークンを実装することにより、異なるコントラクト間でのトークンの取引を可能にしています。

トークンには大きく分けて代替性トークン(Fungible Token) と非代替性トークン(Non-Fungible Token, NFT) の2 つが存在します。両

図 3-9　NFT

者の違いはトークンにメタデータと呼ばれる付加情報を紐づけるか否かです。Ethereum では、ERC-20 という規格によってトークンの仕様が初めて標準化されました。ERC-20 は代替性トークンの規格であり、これに従って作成されたトークンは、それぞれが等価であり代替可能なトークンであるといった特徴があります。この ERC-20 から着想を得て提案されたものが、非代替性トークンの規格 EIP（Ethereum Improvement Proposals）-721 であり、その後に ERC-721[2] によって標準化されました。一般に代替性トークンは ERC-20、非代替性トークンは ERC-721 や ERC-1155 などの規格に従って実装されています。

3－3－2　非代替性トークン (NFT)

非代替性トークン (NFT) は代替が不可なもの、例えばアート作品や、実物資産に対する所有証明書などをブロックチェーン上で扱うために設計されました。昨今、NFT を用いたデジタル資産の市場規模が爆発的に拡大しており、メディアなどでも多く取り上げられています。なお、NFT を作成するためには、ERC-721 という規格を満たすことが求められます。

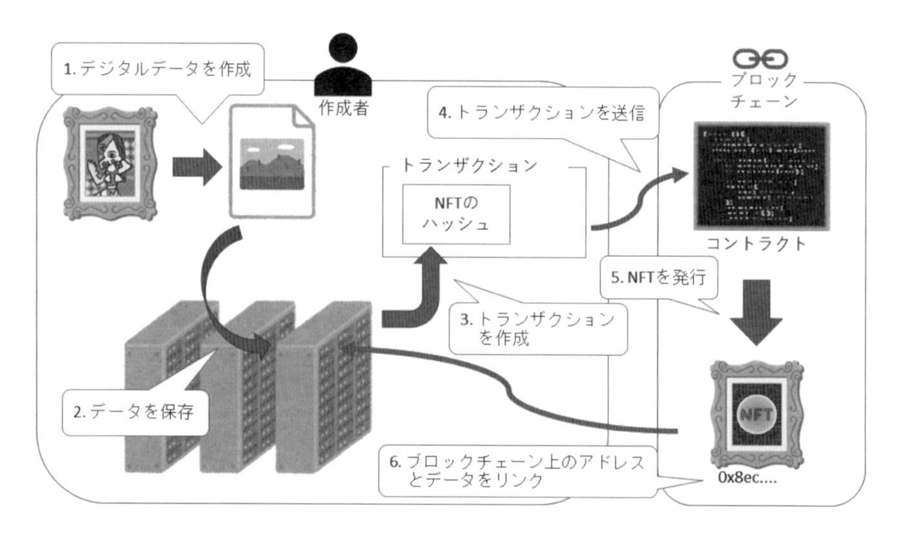

図 3-10　トップボトム型の NFT [3]

NFT の作成　ERC-721 は、Solidity のインターフェースに、自然言語で注釈を付けた形で記述されており、そのインターフェースはイベントと関数から定義されます。イベントとは NFT の送信などが発生したことを知らせるための機構であり、それ自体が何らかの重要な処理を行うということはなく、単にログの役割を果たすためにあります。一方、関数は、NFT の送信処理やあるアカウントに NFT の制御権を渡す処理などの本質的な機能を果たします。

NFT の作成は大きくわけてトップボトム型とボトムトップ型の 2 つの方法が存在します。これらの大きな違いは、すでに存在する資産に NFT を作るか、あるいは、NFT を作ってから資産が作られるかです。

デジタルアートやツイートなどを作成する際に用いられるものは主にトップボトム型と呼ばれる作成方法です。この方法では、まず NFT の対象となる資産が先に作成されます。そして、それを NFT とするため

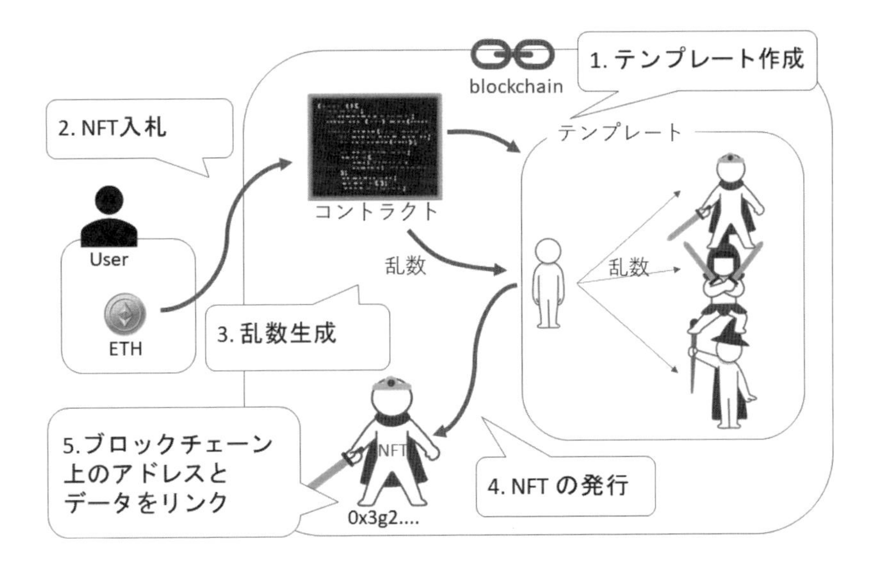

図 3-11　ボトムトップ型の NFT

のトランザクションが作成されたのち、スマートコントラクトによってその資産と NFT を紐づけます。デジタルアートから作成された NFT は売り買いされますが、それらの取り引きの多くはマーケットプレイスで行われます。

一方、ボトムトップ型の NFT は、主にゲームのコンテンツに利用されます。ボトムトップ型の NFT では、管理する資産より先に NFT を作ります。より厳密には、NFT を作成するためのスマートコントラクトがまず資産のテンプレートを作成したのち、そのスマートコントラクトに対し、NFT が欲しいユーザはトランザクションを送ります。トランザクションを受け取ったスマートコントラクトは乱数を振って、テンプレートから新たな資産を生成します。この資産に対して NFT が最終的に発行され、資産と NFT が紐づけられます。

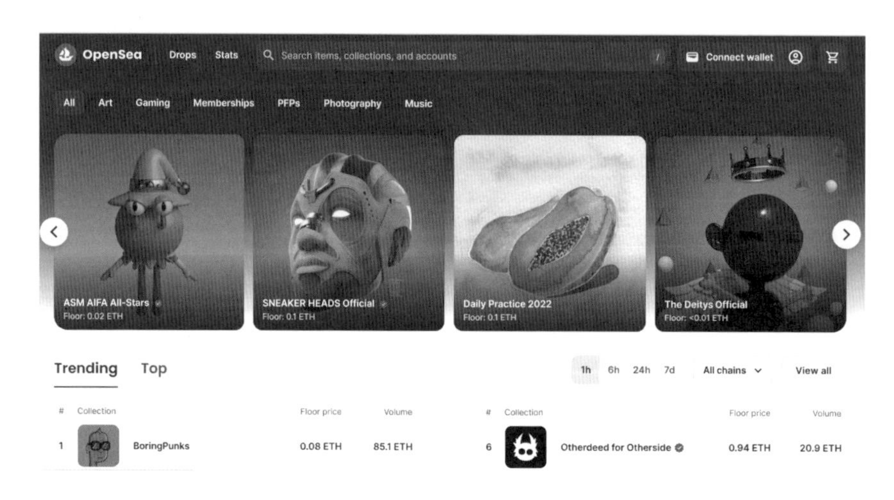

図 3-12 マーケットプレイスの例：OpenSea (https://opensea.io/)

NFT の代表的なマーケットプレイスには OpenSea などあります。NFT の普及に伴い、それを扱うマーケットプレイスも海外だけでなく、国内でもさまざま登場していいます。マーケットプレイスによって、取り扱う仮想通貨や NFT の種類も異なります。このような NFT の台頭には、ユーザが自ら作成したコンテンツを気軽に売り買いできるようになったことが大きく影響していると考えられます。

NFT によるメディアアートの売買 NFT ではゲームや絵など、様々なメディアコンテンツが売買されています。このようなメディアコンテンツの売買には、マーケットプレイスを通じて各個人が気軽にコンテンツの取引ができるようになった点が大きいです。従来は絵やゲームソフトは即売会や蚤の市に出店したり、あるいは、路上で販売する形式が一般的でした。しかし、これら従来の販売形態は出店登録など開始するまでの工程も多く、また、販売する側も出店する時間的あるいは精神的コストなども求められます。これに対し、NFT ではインターネット上で匿名化された状態で出店できるため、様々なコストを削減した売買が可能です。NFT を通じたメディアコンテンツ市場の拡充には、こうした従来の販売形態との違いが大きく影響していると考えられます。

NFT のメタデータ　さて、NFT を語るうえで欠かせない概念にメタデータがあります。NFT のメタデータとは、各トークンに紐づいている付加情報であり、各トークンを一意に識別可能、かつ、トークンを非代替たらしめているものでもあります。一般に、インターネット上に公開されたデータは容易に複製が可能であることから、その複製元となる本物のデータがいずれであるか容易には特定できません。一方で、トークンに紐付けされたメタデータは、データ自体は複製可能であるとしても、そのトークンを複製することはできないようになっています。このトークンの性質により、NFT はメタデータに対する唯一性を担保することができる技術となっています。このため、アート販売や NFT を収集するゲームをはじめ、様々なサービスに対してメタデータを通じた応用が期待されているわけです。

NFT のセキュリティ　NFT のセキュリティでは、惑星間ファイルシステム (InterPlanetary File System, IPFS) が利用されています。IPFS は分散データサーバの一種であり、P2P で相互通信するファイルサーバを通じてデータを持ち合います。一般的なファイルサーバは目的のファイルが存在する場所を指定することでファイル自体を取得しますが、IPFS ではユーザは任意の IPFS サーバから目的ファイルを取得できます。その際に、ユーザは目的ファイルを識別するための情報としてファイルのハッシュ値を指定することで、そのハッシュ値に対応

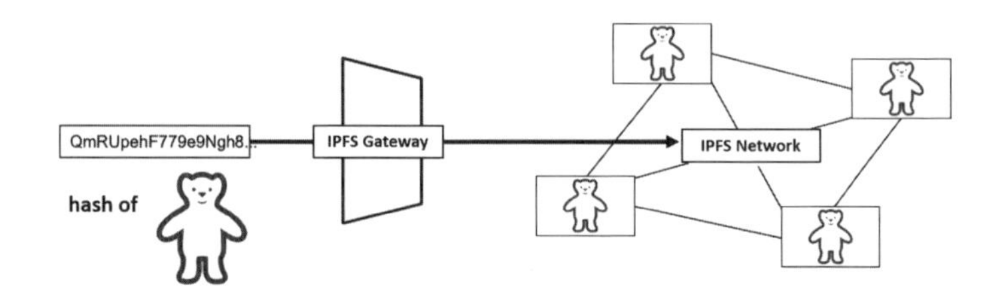

図 3-13 IPFS による NFT の保護

するファイルをIPFSから一意に得られる構造になっています。この複数のサーバで情報を持ち合うこと、および、ハッシュ値でアクセスすることにより、特定のユーザに削除されないこと、また、メタデータ自体の変更ができないことを保証しています。このため、NFTとそのメタデータにおける安全なデータの保存先としてIPFSは欠かすことができません。実際にOpenSeaなどのマーケットプレイスでは、IPFSにメタデータを送信する機能が存在し、メタデータの差し替えに対する有用な技術として利用されています。

コラム NFT によるゲームのビジネスモデル

NFT はゲーム産業にも新たなビジネスモデルをもたらしました。NFT を用いる形式のゲームでは、ゲームをプレイすることで、ゲーム内で利用できるゲーム内通貨が得られます。これらのゲーム内通貨は取引所でEther など実際の暗号通貨と交換が可能です。つまり、ゲームをプレイすることで収入が得られるというビジネスモデルになっているのです。このようなビジネスモデルは Play-to-Earn (P2E) と呼ばれています。

3－3－3　トークン化のセキュリティ上の問題

トークン市場の成長に伴いトークンによるサイバー犯罪も増加傾向にあります。トークンを用いた犯罪の事例として、2018年6月にオーストラリアのSoarCoinというトークンのコントラクトに仕掛けられていたバックドアが原因で、660万ドルの金銭的被害が発生しました[4]。また、NFTにおけるメタデータは、前述したとおりIPFS、すなわちブロックチェーンの外に置かれます。このトークンとメタデータの結びつきは、ブロックチェーン上で管理されているデータそのものと比較すると弱く、実際のメタデータを偽のデータに差し替えられる可能性はIPFSに対してもやはり指摘されています[5]。スマートコントラクトの実行コードは前述したとおりEVMバイトコードとしてブロックチェーンに格納されることで誰でも閲覧できますが、専門的なセキュリティ知識を持たないユーザにとってEVMバイトコードを元にトークンコントラクトの挙動を完全に予測することは困難です。現状ではトークンコントラクトに仕掛けられたバックドアによる攻撃への対策は、実用化されないままになっています。また、NFTに関しては、IPFSによるメタデータとトークンの紐づけも、まだまだ解析が十分なわけではありません。OpenSeaなどに代表されるトークンのマーケットプレイスでは犯罪行為が確認されたトークンのコントラクトアドレスを収集し、ブラックリストに追加することでバックドアが仕掛けられたトークンが購入者の手に渡らないように対策をしています。しかし、日々新しいトークンコントラクトが作られる現状、被害が起こってから対象のアドレスを登録する後手の対策ではバックドア攻撃に対する完全な対策とは言えず、未知のコントラクトアドレスに対するバックドア攻撃への対策が必要です。次節ではトークンコントラクトへのバックドア攻撃およびトークンメタデータの差し替えについて、詳細に述べていきます。

3－3－4　トークンコントラクトへのバックドア攻撃

ここで、トークンコントラクトにおけるバックドア攻撃を詳細に述べる前に、トークンコントラクトのバックドアについて定義します。なお、本書の定義は文献 [6] のものになります。まず、バックドアとは以下の 2 つの機能を満たす機能を指します。

1. コントラクト開発者など、特権的な権限を持つユーザによってのみ実行可能であること。
2. 他のトークン所有者が持つトークンやその他の資産に影響 (特に、金銭的な被害) を与えうること。

バックドアの実行によってトークン保有者に対して金銭的な被害を与える行為がトークンコントラクトにおけるバックドア攻撃と定義されます。具体的な手法としては、以下の 5 種類が知られています。

(a) 任意転送バックドア

任意転送バックドアのバックドアは、関数の呼び出し元が任意のトークンを任意に転送することを可能にする手法です。上述した 660 万ドルの金銭的被害を引き起こしたバックドアもこの手法で行われました。任意転送バックドアの実装例をコード 3.3 に示します。

コード 3.3　任意転送バックドアの実装

```
1  function zero_fee_transaction(address _from, address _to, uint256 _a
       mount)
2    // コントラクト修飾子
3    onlycentralAccount results(bool success) {
4      if (blances[_from] >= _amount && _amount > 0 && balances[_to] +
           _amount > balances[_to])
5      {
6          balances[_from] -= _amount;
7          balances[_to] += _amount;
8                  // トークンの移動
```

```
 9            Transfer(_from, _to, _amount);
10            return true;
11        } else{
12            return false;
13        }
14    }
```

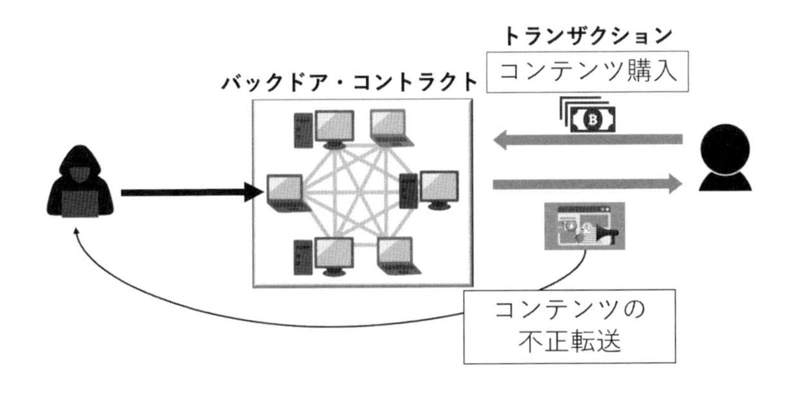

図 3-14　トークンコントラクトへのバックドア攻撃

この実装におけるバックドア攻撃の特徴は大きく 3 つです。1 つ目は onlycentralAccount と記述されるコントラクト修飾子です。これにより、この関数は centralAccount と呼ばれる特別な権限を持つユーザによってのみ実行可能な状態になります。2 つ目はトークンを別のアドレスに移動することができる Transfer を持つ構造となっている点です。3 つ目は、この関数は認証ステップを含んでいないことです。つまり、トークンの持ち主の認証を必要とせずに、そのアドレスのトークンを移動させることが可能になります。これにより、トークンが任意に転送されてしまうわけです。

(b) イニシャル・コイン・オファリング・プロセス後のトークン生成バックドア

イニシャル・コイン・オファリング・プロセス (ICO) とは、トークンを発行するにあたって出資者から資金を集め、集まった資産に対応する決まった量のトークンを発行するプロセスのことです。このプロセス以降のトークンの発行は、トークンの価値や意図的に操作することに繋がってしまうため、基本的には行われるべきではありません。イニシャル・コイン・オファリング・プロセス後のトークン生成バックドアはICOプロセス後に、任意のアドレス上に任意量のトークンを新たに発行することを可能にします。ICOプロセス後のトークン生成バックドアの実装例をコード 3.4 に示します。

コード 3.4　ICO プロセス後のトークン生成バックドアの実装

```
1  function issue(address _to, uint256 _amount) public ownerOnly
2            // トークンの発行先の確認
3       validAddress(_to) noThis(_to) {
4            totalSpply = safeAdd(totalSupply, _amount);
5            balanceOf[_to] = safeAdd(balanceOf[_to], _amount);
6            Isuuance(_amount);
7                      // トークンの移動
8            Transfer(this, _to, _amount);
9  }
```

このバックドアは、2017 年に報告された Bancor 社のコントラクト [7] に存在したものと同じであり、任意のタイミングでコントラクト所有者が任意にトークンを発行可能な状態になっています。このため、トークンの価値がコントラクト所有者に掌握されている状態にあることになります。この実装においては 3 行目の `validAccess` というコントラクト修飾子によって、トークンの発行先が有効なアドレスかどうかを確認し、また、`notThis` という修飾子でトークンの発行先がこのコントラクト自身でないことを確認しています。この実装におけるバックドアの特徴は2つあります。1つ目は、1行目のonlyOwner修飾子により、この関数をコントラクト所有者のみが呼び出し可能な状態にしていることです。2つ目はトークンを別のアドレスに移動することができるTransferを持つことです。これにより、コントラクト所有者が任意にトークンを発行できるようになります。

(c) トークン破壊バックドア

トークン破壊バックドアは、任意のアドレスに存在するであろう自身のコントラクトに由来するトークンを破壊するバックドアです。この手法はイニシャル・コイン・オファリング・プロセス後のトークン生成バックドアで述べたBancor社のコントラクトに存在したものと同じものです。トークン破壊バックドアの実装例をコード3.5に示します。

コード3.5　トークン破壊バックドアの実装

```
1  function destroy(address _from, uint256 _amount) public ownerOnly{
2              balanceOf[_from] =
3        safeSub(balanceOf[_from], _amount);
4        totalSupply =
5        safeSub(totalSupply, _amount);
6              // 対象のアドレスからトークンへ転送
7        Transfer(_from, this, _amount);
8              // トークンの破壊
9        Destruction(_amount);
10 }
```

このバックドアは、イニシャル・コイン・オファリング・プロセス後のトークン生成バックドアと似た構造をしていて、2つの特徴が存在します。1つ目はownerOnly修飾子であり、この関数をトークン所有者のみが呼び出し可能な状態にしていることです。2つ目はTransferを持つことで、これにより対象のアドレスからトークンを転送します。最後に、9行目のDestructionでトークンを破壊しています。

(d) トークンの転送停止バックドア

トークンの転送停止バックドアはトークンが持つ Transfer を全て停止させるバックドアです。トークンを転送できなくなってしまうと、そのトークンを市場で流通させることができなくなってしまうことから、トークンの価値を大きく損なう結果を引き起こします。このバックドアも Bancor 社のコントラクト [7] に存在していました。トークン転送停止バックドアの実装例をコード 3.6 に示します。

コード 3.6 トークン転送停止バックドアの実装

```
1  modifier transfersAllowed{
2          assert(transferEnabled);
3          _;
4  }
5  ...
6  // transferEnabled 変数を操作するバックドア
7  function disableTransfers(bool _disable) public ownerOnly {
8          transferEnabled = !_disable;
9  }
10 ...
11 // トークンを転送可能な状態にするか制御
12 function transfer(address _to, uint256 _value) public transferAllowe
       d
13         returns (bool success){
14 ...
15 }
```

12 行目の transferAllowed 修飾子は、トークンが現在転送可能な状態にあるかどうかを決めるためのものです。7 行目の disableTransfers 関数がバックドアに相当し、ownerOnly 修飾子によりコントラクト所有者のみに transferEnabled 変数を操作できるようにしてます。そのため、このバックドアが起動されると、ユーザは自身が持つトークンの転送を停止させられてしまうことになります。

(e) アカウント凍結バックドア

アカウント凍結バックドアは任意のアカウントが所有する資産を破壊するバックドアであり、2019年に報告されたSPAコインのコントラクトで確認されたもの[8]です。アカウント凍結バックドアの実装例をソースコードに示します。

コード 3.7　アカウント凍結バックドアの実装

```
1 function freezeAccount(address target, bool freeze) onlyOwner public
      {
2     frozenAccount[target] = freeze;
3           // アカウントの凍結
4     FrozenFunds(target, freeze);
5 }
```

このバックドアは凍結、または凍結解除の対象アドレスとなるtargetと、対象の凍結状態を決定する値freezeの2つを受け取り、対象アカウントの凍結、解除を行います。ownerOnly修飾子により、この関数はコントラクト所有者によってのみ呼び出しを許可されている状態になっており、4行目のFrozenFunds関数によって、アカウントの凍結イベントを引き起こします。このバックドアによって対象のアカウントはあらゆる操作を停止させられてしまいます。これは暗号資産に対して広い影響を与える可能性を示唆しています。

コラム　バックドア攻撃

バックドア攻撃はスマートコントラクトに限らず、セキュリティにおける重要な問題として従来技術から知られています。従来技術におけるバックドアとは、攻撃対象のシステムに何らかの脆弱性を仕込ませる、あるいは、特定の秘密情報などを埋め込むなど、それらの情報を知

	従来技術の バックドア	スマートコントラクトの バックドア
攻撃者のすること	特定のユーザだけが 実行できる機能を埋め込む	特定のユーザだけが 実行できる機能を埋め込む
具体的手法	特定の秘密情報を埋め込む	特定のコード修飾子の付いた 関数を埋め込む
攻撃者の利点	システムに侵入できる ようになる	トークンを自由に操作できる ようになる

図 3-15　従来技術のバックドアとスマートコントラクトのバックドア

る人だけがシステムに侵入できるようにするものでした。スマートコントラクトでは何らかの修飾子を用いることで、特定のアカウントだけが利用できる機能をバックドアとして埋め込みます。「特定の人だけが利用できる」という観点で、従来のバックドア攻撃と同じような着想に基づいた攻撃と言えます。

3－3－5　トークンメタデータの差し替え攻撃

NFT におけるメタデータの差し替えができる問題は、編集可能メタデータ脆弱性 (Editable Metadata) [9] として知られています。直観的に、メタデータの変更を行うことで、トークンがその意義を失うことを意味します。

編集可能メタデータ脆弱性について触れる前に、ERC-721 の仕様について少し述べます。実は NFT における ERC-721 の仕様 [2] では、トークンのメタデータが変更される可能性を認めています。このとき、コントラクト作成者が悪意を持つ場合、主に 2 つの方法でメタデータを差し替えることが可能です。ひとつはメタデータの所在を表す `metadata_url` の変更、もうひとつはメタデータ自体の変更です。仮に `metadata_url`

の変更がコントラクトによりできないようにされていたとしても、メタデータ自体を依然として差し替えることができる可能性は残ります。これはメタデータの所有者がメタデータを自由に操作できることに起因します [10]。

以下に文献 [10] で発表された差し替え攻撃について紹介します。まずメタデータを担保する技術である IPFS ですが、攻撃者がコントラクトの内容を任意に決定できる仮定を置くと、IPFS による対策を突破することが可能になります。つまり、メタデータの情報を IPFS に置いているにも関わらず、コントラクトの正常な動作によって編集可能メタデータ脆弱性をつくことで、トークンメタデータの差し替え攻撃が可能になります。具体的には、文献の手法では攻撃者がメタデータの参照 URL を返す `tokenURI` 関数を利用しました。この `tokenURI` 関数はトークンの識別子（トークン ID）を受け取ると、その ID に対応するメタデータの参照 URL を返します。このとき、攻撃者は NFT を発行するコントラクト内でメタデータの参照 URL を複数用意しておき、`tokenURI` 関数を通じて任意の URL を指定することで、正常なメタデータから攻撃者が望むメタデータに差し替えることができるようになります。文献中では、この攻撃について Ethereum のテストネットワークである Rinkeby Testnet で攻撃を行うコントラクトを動作させ、ERC-721 規格でのトークンを発行することで、攻撃が可能となることを確認しています。この攻撃によって、IPFS を使用していてもメタデータが担保されていないことが確認できたことになります。

図 3-16 と図 3-17 は文献 [10] で示された、実際の攻撃の例になります。図 3-16 はマーケット上で表示されているトークンで、ユーザはこの表示されているコンテンツの購入を検討しているという状況です。しかし、実際に購入したとき、コンテンツは図 3-17 のものに変わってい

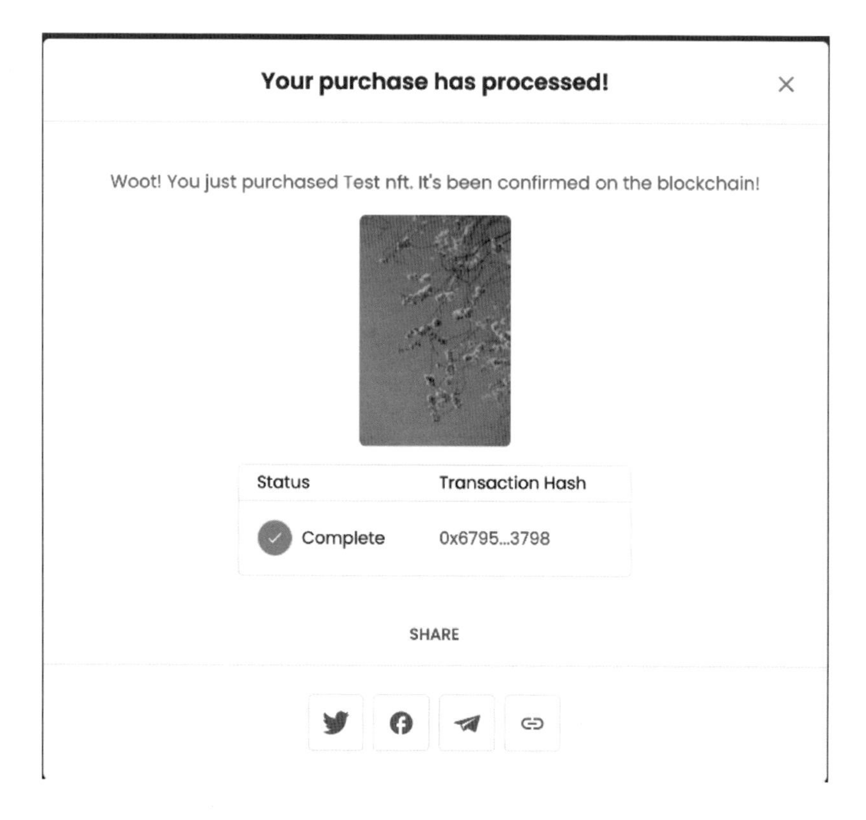

図 3-16　NFT の購入画面

ました。図から、マーケットプレイス上でたしかにコンテンツがすり替えられたことがわかります。

このため、ユーザはメタデータの管理方法に加え、コントラクト内でメタデータがどのように処理され、分散アプリケーションに反映されているのか精査しておくことも求められます。また、コントラクトの精査に加え、実際にエンドユーザが利用することになる NFT のオーバーレイヤ技術の観点から、これらの攻撃への対策を講じることも将来的には必要になります。

図 3-17　実際に購入した NFT

3－4　Ethereum スマートコントラクトへの攻撃に関する研究

本章の最後に、Ethereum の暗号資産に関する攻撃と、近年の関心を集める NFT の研究について紹介します。本書では各文献やその攻撃については解説はしませんが、興味のある読者はぜひそれぞれの文献を読んでみてください。

3－4－1 暗号資産に関する攻撃の研究

暗号資産に関する攻撃としては、文献 [11] が攻撃用のコントラクトと脆弱性を持つコントラクトを区分整理し、代表的な事例を解説しています。文献 [11] の内容については、5－6 節でも詳しく紹介します。また、Ivanov ら [12] はソーシャルエンジニアリングに着目した攻撃を示しています。この攻撃では Ethereum アドレスの書き換えや異体字を用いることで、別のアドレスへ誘導する攻撃が示されています。その他に、攻撃者がユーザの取引と同じ取引情報を埋め込んだブロックを先に生成することで暗号資産を不正に獲得するフロント・ランニング攻撃 [13] や、さらなる応用としてブロックをその取引の前後で生成するサンドイッチ攻撃 [14] が示されています。また、実際にこれらの攻撃に関してトランザクションをブロックチェーンから確認したところ、約 37 億円もの被害が出ていることも示されています [15]。

もう 1 つの攻撃は同一のトランザクションのなかで再度支払いを行う状況で、ブラウザを通じて大量の資金を利用するフラッシュローン (flashloan) であり、その影響も調査されています [16]。複雑な暗号資産のトランザクションを調整することで利益を生むデファイ・ポーザー (DefiPoser)[17] や、暗号資産に関する風評被害や誤情報を与えることで価格を調整するパンプ・アンド・ダンプ (pump-and-dump) 攻撃 [18][19][20] も知られています。また、ブロックチェーンを介した攻撃としては、意図的に脆弱性を設けたハニーポットと呼ばれるコントラクトがあり、その調査も行われました [21]。ハニーポットは本書では詳細に触れませんでしたが、そのデータやハニーポットの調査ツールも公開されています [21]。また、実際のブロックチェーンでは未知のハニーポットが多数存在することが報告されています [22]。これらのコントラクトは脆弱性を通じてEther を搾取しようとする人から、むしろEther を徴収することが狙いにあります。

3－4－2　NFT に関する研究

NFT に関する研究は暗号資産に関する攻撃と比べて、本書執筆時点ではまだ多くはありません。筆者が知る代表的な研究はDas ら[9] によるNFT システムの検討です。Das らは、筆者が知る限り、初めてNFT の安全性に関して議論しました。彼らの研究では、NFT が持つセキュリティ上の問題を俯瞰的に整理したことに加え、それぞれが実際にOpenSea などのマーケットにおいて実際にどの程度影響があるか、確認を行いました。筆者が知る限りNFT に関する既存のセキュリティ研究は、NFT を用いたアプリケーションの設計[23][24] を扱っており、NFT そのものの安全性を解析した研究は彼らの結果だけです。NFT のセキュリティに興味がある読者は、ぜひ一読をお勧めします。

セキュリティに近い研究としては、Sako ら[25] は猫を育成するゲームであるCryptoKitties を対象に、NFT のマーケットの公平性を調査しました。また、Casale-Brunet ら[26] はNFT ネットワークのトポロジ構造を解析しています。また、Fairfield[27] はNFT に関する法律的扱いを議論しました。これらの研究はアプリケーション、通信、あるいは法律の観点からの研究であり、セキュリティを専門とする本書の位置づけとは異なりますが、NFT がそれだけ多くの分野に注目されている証拠になっていると考えられます。

参考文献

[1] 知念 祐一郎, 芦澤 奈実, 矢内 直人, クルーズ ジェイソン ポール. スマートコントラクト ―ブロックチェーンからなるプログラミングプラットホーム―, 電子情報通信学会通信ソサイエティマガジン, 14(1):26-33, 2020.

[2] W. Entriken, D. Shirley, J. Evans, and N. Sachs. ERC-721: Nonfungible token standard. Ethereum Improvement Proposals, 2018.

[3] 加道 ちひろ, 矢内 直人. Ethereum スマートコントラクト ―暗号通貨から拡がるプラットホーム―. JPNIC News Letter, vol. 83, pp. 28–31, JPNIC, 2023 年 3 月.

[4] CVE-2018-1000203.
http://cve.mitre.org/cgi-bin/cvename.cgi?name=CVE-2018-1000203.

[5] Q. Wang, R. Li, Q. Wang, and S. Chen. Non-fungible token (NFT): overview, evaluation, opportunities and challenges. *CoRR*, abs/2105.07447, 2021.

[6] F. Ma, M. Ren, L. Ouyang, Y. Chen, J. Zhu, T. Chen, Y. Zheng, X. Dai, Y. Jiang, and J. Sun. Pied-piper: Revealing the backdoor threats in ethereum erc token contracts. *ACM Trans. Softw. Eng. Methodol.*, aug 2022. Just Accepted.

[7] Bancor. smarttoken.
https://etherscan.io/address/0x1f573d6fb3f13d689f844b4ce37794d79a7f1c.

[8] CVE-2022-16944.
https://cve.mitre.org/cgi-bin/cvename.cgi?name=CVE-2022-16944.

[9] D. Das, P. Bose, N. Ruaro, C. Kruegel, and G. Vigna. Understanding security issues in the nft ecosystem. In *Proc. of CCS 2022*, pages 667–681. ACM, 2022.

[10] 清水 嶺, 矢内 直人, 今村 光良, クルーズ ジェイソン ポール, 岡村 真吾. NFT 流通市場に対する editable metadata 脆弱性の一考察. In *Symposium on Cryptography and Information Security*, 2022.

[11] K. M. Taichi Igarashi. A survey on security of smart contract. In *Symposium on Cryptography and Information Security*, 2023.

[12] N. Ivanov, J. Lou, T. Chen, J. Li, and Q. Yan. Targeting the weakest link: Social engineering attacks in ethereum smart contracts. In *Proc. of AsiaCCS* 2021, page 787–801. ACM, 2021.

[13] S. Eskandari, S. Moosavi, and J. Clark. SoK: Transparent dishonesty: Front-running attacks on blockchain. In A. Bracciali, J. Clark, F. Pintore, P. B. Rønne, and M. Sala, editors, *Proc. of FC 2019*, volume 11599 of *LNCS*, pages 170–189. Springer, 2020.

[14] L. Zhou, K. Qin, C. F. Torres, D. V. Le, and A. Gervais. Highfrequency trading on decentralized on-chain exchanges. In 2021 *IEEE Symposium on Security and Privacy (SP)*, pages 428–445. IEEE, 2021.

[15] K. Qin, L. Zhou, and A. Gervais. Quantifying blockchain extractable value: How dark is the forest? *CoRR*, abs/2101.05511, 2021.

[16] K. Qin, L. Zhou, B. Livshits, and A. Gervais. Attacking the DeFi ecosystem with flash loans for fun and profit. In *Financial Cryptography and Data Security*, volume 12674 of LNCS, pages 3–32. Springer, 2021.

[17] L. Zhou, K. Qin, A. Cully, B. Livshits, and A. Gervais. On the just-in-time discovery of profit-generating transactions in DeFi protocols. In *Proc. of S&P 2021*, pages 919–936. IEEE, 2021.

[18] J. Kamps and B. Kleinberg. To the moon: defining and detecting cryptocurrency pump-and-dumps. *Crime Science*, 7(1):1–18, 2018.

[19] J. Xu and B. Livshits. The anatomy of a cryptocurrency Pumpand-Dump scheme. In *Proc. of USENIX Security 2019*, pages 1609–1625, Santa Clara, CA, 2019. USENIX Association.

[20] N. Gandal, J. Hamrick, T. Moore, and T. Oberman. Price manipulation in the bitcoin ecosystem. *Journal of Monetary Economics*, 95:86–96, 2018.

[21] C. F. Torres and M. Steichen. The art of the scam: Demystifying honeypots in ethereum smart contracts. In *Proc. of Usenix Security 2019*, pages 1591–1607. Usenix Association, 2019.

[22] S. Zhou, Z. Yang, J. Xiang, Y. Cao, Z. Yang, and Y. Zhang. An ever-evolving game: Evaluation of real-world attacks and defenses in ethereum ecosystem. In *Proc. of USENIX Security 2020*, pages 2793–2810. USENIX Association, 2020.

[23] A. S. Omar and O. Basir. *Secure Anti-Counterfeiting Pharmaceuticals Supply Chain System Using Composable Non-Fungible Tokens*, pages 243–259. CRC Press, 2020.

[24] J. Arcenegui, R. Arjona, and I. Baturone. Secure management of iot devices based on blockchain non-fungible tokens and physical unclonable functions. In *Proc. of ACNS Workshops 2020*, volume 12418 of LNCS, pages 24–40. Springer, 2020.

[25] K. Sako, S. Matsuo, and S. Meier. Fairness in erc token markets: A case study of cryptokitties. In *Proc. of FC 2021 International Workshops*, volume 12676 of LNCS, pages 595–610. Springer, 2021.

[26] S. Casale-Brunet, P. Ribeca, P. Doyle, and M. Mattavelli. Networks of ethereum non-fungible tokens: A graph-based analysis of the ERC-721 ecosystem. *CoRR*, abs/2110.12545, 2021.

[27] J. Fairfield. Tokenized: The law of non-fungible tokens and unique digital property. *Indiana Law Journal, Forthcoming*, 2021.

4

Ethereum スマートコントラクトの脆弱性

4－1　脆弱性の種類

Ethereum スマートコントラクトはブロックチェーン上で動作するという特性上、その性質に起因したセキュリティに関する様々な問題が存在します。その性質の１つの例として、コントラクトのバイトコードやソースコードがブロックチェーン上に保存、公開される透明性があります。この透明性によって、ネットワークにいるマイナーがコントラクトを実行することが可能になります。しかし、誰でもがその情報を閲覧することができるため、攻撃者が容易にコントラクトを解析することができてしまいます。また、一度ブロックチェーンへデプロイされたコントラクトは変更ができません。そのため、攻撃者によって脆弱性が発見されてしまった場合は、それを踏み台として長期的に攻撃されてしまう可能性があります。その他、プログラムの実行には手数料が必要であり、金銭的な価値のあるものを取り扱うことが多いため、攻撃が金銭的な被害に直結してしまいます。このような問題点から、コントラクトの開発時は脆弱性を持たないセキュアなコントラクトの開発が重要になってきます。そこで本節では、コントラクトが持つ脆弱性をいくつか紹介します。コントラクトの開発を考えている読者の方には、是非参考にしていただければと思います。

また、各脆弱性の節では、その脆弱性を起点とした有名な被害事例がある場合は紹介しています。その他のインシデントの実例などについて知りたい方は、CVE (Common Vulnerabilities and Exposures) を紹介したこちらのページ [1]を参考にしてください。

4－1－1 リエントランシー (Reentrancy)

(a) 概要

リエントランシーは、脆弱性をもつコントラクトが外部コントラクトへ暗号通貨 Ether を送金する際に発生します。コントラクトが外部コントラクトへ送金を行う場合、それに伴う状態の更新、例えば後の例に示すようにそのコントラクトへ送金できる上限の更新などを行う必要があります。しかし、この状態の更新が送金処理の後に行われてしまうと、それがリエントランシーに繋がってしまいます。

Solidity には、特有のフォールバック (fallback) 関数と呼ばれる無名関数が存在します。この関数は Ether が送金された場合に受け取り側のコントラクトで呼び出されたり、呼び出し先として指定された関数が存在しない場合の例外処理などで実行される関数です。攻撃者はこのフォールバック関数内へ悪意のあるコードを埋め込むことで、リエントランシーを持つコントラクトの Ether を抜き取ることが可能になります。悪意のあるコードでは、外部コントラクトを呼び出し待機中である呼び出し元のコントラクトを再度実行するような処理が記述されます。この呼び出し待機中のコントラクトを呼び出されたコントラクトが再

[1] https://cve.mitre.org/cgi-bin/cvekey.cgi?keyword=ethereum

度呼び出し実行することをリエントランス、再入と呼びます。

具体的にリエントランシーを持つコントラクトをコード 4.1 [2]で見てみましょう。

コード 4.1　リエントランシーを持つコントラクトの例

```
1  // SPDX-License-Identifier: GPL-3.0
2  pragma solidity >=0.6.2 <0.9.0;
3
4  contract Fund {
5   // アドレスごとに分配されるシェアを表す変数
6   mapping(address => uint) shares;
7   // シェアを引き出す関数
8   function withdraw() public {
9    (bool success,) = msg.sender.call{value: shares[msg.sender]}("");
10     if (success)
11       shares[msg.sender] = 0;
12   }
13 }
```

このコントラクトは、いくつかのアドレスへEtherを送金するようなコントラクトであり、アドレスごとに送金するEtherの量が`shares`に保存されています。このコントラクトが持つ`withdraw`関数は、9行目の`call`によってあるアドレスへEtherを送金し、送金が正常に完了すると11行目でそのアドレスの`shares`の値を0に更新します。問題となる部分は、先ほど述べたように送金後に状態更新が行われている点です。コントラクトは、9行目の送金が完了するまで呼び出し待機状態となり、送金先がコントラクトである場合は、そのフォールバック関数が実行されます。

攻撃者は、フォールバック関数において、`withdraw`関数を呼び出します。これによって呼び出された`withdraw`関数は呼び出しが完了していないため、シェアはまだ更新されておらず0ではありません。そのた

[2] https://docs.soliditylang.org/en/v0.8.17/security-considerations.html#re-entrancy

め、再び攻撃者へシェアを送金してしまいます。攻撃者のフォールバック関数による withdraw 関数の呼び出しは、実行で使用したガスが使用できるガスの最大値へ達するまで、または送金元のコントラクトが持つ全ての Ether が尽きるまで繰り返されます。この繰り返しのイメージは図 4-1 です。

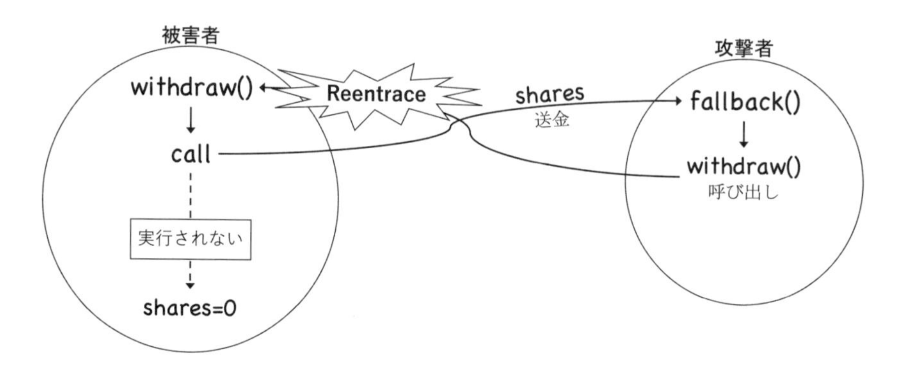

図 4-1　リエントランシーの概要

今回、Ether を送金する場合を例に説明しましたが、送金以外の外部コントラクト呼び出しでもリエントランシーには注意してコントラクトを作成する必要があります。また、より複雑なリエントランシーとして呼び出し元とは異なる関数を呼び出すようなものや、コントラクトの生成が元になるリエントランシーなども存在します。詳細な説明については文献 [1] を参考にしてください。

(b) 対策

リエントランシーへの対策としては、状態の更新を送金処理の前に行うといった方法やミューテックスと呼ばれる呼び出し待機中であるかどうかを表すフラグで管理する方法などが挙げられます。それぞれの方法を以下に説明します。

コード 4.2　リエントランシーの対策例 1

```
1  function withdraw() public {
2    uint share = shares[msg.sender];
3    // 状態を更新
4    shares[msg.sender] = 0;
5    // Etherを送金
6    (bool success,) = msg.sender.call{value: share}("");
7    // 送金に失敗した場合は，状態を巻き戻す．
8    if (success)
9      shares[msg.sender] = share;
10   }
11 }
```

1つ目の方法は、送金前に状態の更新を行うことでリエントランスされた場合でも送金に必要な条件が満たされていない、あるいは送金できる金額が0である状態などに更新されているため、Etherの抜き出しができなくなります。コード 4.2は、コード 4.1のwithdraw関数に対してこの対策方法を導入した例です。この例では、6行目で送金処理を行っていますが、その前の4行目で状態を更新しています。ただし送金に失敗した場合は状態を元に戻す必要があるため、8行目で送金の成否を判定し、9行目で更新した状態を元の状態に戻しています。この状態の巻き戻しについては、call関数に代わり外部コントラクトの呼び出しに失敗するとコントラクトの状態を巻き戻すtransfer関数を使用する方法も可能です。この場合、8〜10行目の判定と状態の巻き戻しを記述する必要はありません。

コード 4.3　リエントランシーの対策例 2

```
1 // SPDX-License-Identifier: GPL-3.0
2 pragma solidity >=0.6.2 <0.9.0;
3
4 contract Fund {
5   mapping(address => uint) shares;
6   // ミューテックス
7   bool isCalling = false;
```

```
8     function withdraw() public {
9       // コントラクトを呼び出し中であれば実行不可
10      require(!isCalling)
11      // 呼び出し前にミューテックスを更新
12      isCalling = true;
13      (bool success,) = msg.sender.call{value: shares[msg.sender]}(""
            );
14       if (success)
15         shares[msg.sender] = 0;
16      // 呼び出し後にミューテックスを更新
17      isCalling = false;
18    }
19  }
```

2つ目の方法は、ミューテックスを用いる方法ですが、コード 4.1 に導入した場合の例がコード 4.3 です。まず、withdraw 関数が待機中であるかどうかを表す boolean 型のグローバル変数によってミューテックスを設定し、false として初期化します。ここでは、変数 isCalling をミューテックスとして、7 行目で初期化しています。さらに、13 行目の外部コントラクト呼び出し前で true へ、呼び出し後で false へ更新します。withdraw 関数の処理の初めにミューテックスによる判定を行うことで、コントラクトが待機中であり実行が可能でない場合は実行を中断します。

(c) 被害事例

リエントランシーを踏み台とした事件として、The DAO ハックと呼ばれるものがあります。このハックでは、約 360 万 Ether、その当時で約 52 億円もの額が抜き取られました。事件が発覚した直後、ホワイトハックによって別のコントラクトへ残高が救出されました。最終的に、抜き取られたトランザクションをなかったことにするため、ブロックチェーンをそのトランザクションの前から分岐させるハードフォークという手段が取られました。

4－1－2　算術オーバーフロー/アンダーフロー

(a) 概要

Solidityでは、他のプログラム言語と同様に整数型には表現可能な範囲が存在します。例えば整数型の1つであるuint8は8bitの符号なし整数で、0から255の範囲を表す整数の型です。算術オーバーフロー/アンダーフローは、足し算などの演算結果がこの範囲外になってしまう場合に発生します。整数の範囲を考慮していない場合、発生した脆弱性が悪用されてしまう可能性があります。

コード4.4は、オーバーフローとアンダーフローの簡単な例です。aやbは、それぞれuint8で表される範囲の最大値と最小値です。そのため、その値に対して加算や減算が行われると、結果が範囲外の値となってしまいオーバーフローやアンダーフローが発生します。オーバーフローが発生する可能性のある変数をオーバーフローを想定せず条件判定に使用してしまった場合、意図しない結果を引き起こしてしまいます。

コード4.4　オーバーフローとアンダーフローの例

```
1  function overflow() {
2    unit8 a = 255;
3    a = a++;  // オーバーフロー：aの計算結果は0
4  }
5
6  function underflow() {
7    uint8 b = 0;
8    b = b--;  // アンダーフロー：bの計算結果は255
9  }
```

(b) 対策

Solidityコンパイラのv0.8で対策が行われており、オーバーフローとアンダーフローに対するチェックモードとアンチェックモードが導入されました。デフォルトではチェックモードとなり、オーバーフローが発生した場合に実行を中止し、コントラクトの状態を実行前へ戻します。

ただしこのモードでは、発生による意図しない状況を防ぐことはできますが、発生自体を防ぐことはできません。そのため、発生が避けられないときは必ず状態が巻き戻ってしまい、コントラクトがある状態から脱出できなくなってしまう可能性があります。また、アンチェックモードではオーバーフローのチェックを行わない部分を`unchecked{}`で囲むことで、オーバーフローとアンダーフローの発生を無視します。

また更新される v0.8 より前のバージョンでは、オーバーフローなどに対するチェックは行われないため、OpenZeppelin [3] の SafeMath ライブラリの使用が推奨されています。OpenZeppelin は、セキュアなスマートコントラクトを作るためのライブラリを提供しており、多くの開発者によって利用されています。SafeMath ライブラリは、v0.8 で導入されたチェックモードと同様の処理がコードで記述されています。ただし、v0.8 に対応するライブラリではコンパイラのチェックモードを想定しており、コード自体による状態の巻き戻し機能は実装されていません。そのため、使用しているコンパイラのバージョンに対応するライブラリを使用しなければいけません。

4－1－3　デフォルトの可視性 (Visibility)

(a) 概要

Solidity では、関数に可視性修飾子を設定します。可視性とは、その関数にアクセス可能なコントラクトやユーザの範囲を指定するものです。この修飾子の詳細を表 4-1 に説明しています。

Solidity コンパイラの v0.4 以前のバージョンでは、関数の可視性は省略可能であり、省略した場合の可視性はデフォルトの`public`に設定されます。この脆弱性は、v0.4 以前のバージョンにおいて`private`や

[3] `https://github.com/OpenZeppelin`

表 4-1　可視性修飾子

修飾子	可視性の範囲
public	全てのコントラクトとユーザ
private	関数が定義されているコントラクト
internal	関数を定義しているコントラクトと継承しているコントラクト
external	外部コントラクトとユーザ

internalに設定するべき関数に対して可視性を省略してしまった場合に発生します。可視性を省略することで、全てのコントラクトとユーザがその関数を呼び出すことが可能になってしまいます。

コード 4.5のような、残高を所有者のみに送るような簡単なコントラクトを考えてみます。このコントラクトでは、withdrawBalance関数が呼び出されると呼び出し元がownerかどうかを判断し、ownerであればコントラクトの残高を送るsendBalance関数を呼び出します。しかし、このsendBalance関数の可視性は省略されており、デフォルトのpublicとなっています。そのため、全てのコントラクトとユーザから呼び出しが可能となってしまい、ownerでなくともsendBalance関数は呼び出すことができ、コントラクトの残高を受け取ることができてしまいます。

コード 4.5　可視性を省略した関数の例

```
1  contract SinpleWallet {
2    owner = 0x....     // 所有者
3
4    // 所有者にのみ残高を送金する関数
5    function withdrawBalance() {
6      require(owner == msg.sender, "Not Owner.");
7      sendBalance();
```

```
8      }
9
10     // 残高を送金する関数
11     function sendBalance() {
12       msg.sender.transfer(this.balance);
13     }
14   }
```

(b) 対策

この脆弱性はSolidityコンパイラによる対策が行われており、v0.4.17への更新で、可視性を省略した場合は警告が発されるようになりました。さらにv0.4.21以降では、省略した場合はエラーを発生させ、省略不可となる仕様に変更されています。そのため、更新されたコンパイラを使用することが推奨されます。しかし省略はできないものの、適切でない可視性を設定してしまわないよう注意が必要です。

(c) 被害事例

2017年に発生したパリティウォレットにおける事件は、この脆弱性が1つの要因として挙げられます。現在では破棄されたコントラクトですが、この脆弱性を持つコントラクトの一部がコード 4.6 と 4.7 です [4]。このコントラクトは、v0.4.17が登場するよりも前に作成されたコントラクトであり、外部コントラクトのアクセスを制限すべき関数の可視性が省略によりpublicに設定されていました。

具体的にコードを確認してみましょう。コード 4.6に示すexecute関数は、onlyownerという修飾子が設定されています。これは、このコントラクト内で設定されたものであり、ownerに設定されたアドレスに対してのみアクセスを許可するための修飾子です。そのためownerに設定されたアドレスは、この関数を実行し6行目あるいは9行目の送金処理を実行することが可能です。

[4] https://etherscan.io/address/0x863DF6BFa4469f3ead0bE8f9F2AAE51c91A907b4

コード 4.6　オーナーのみが実行できる execute 関数

```
1  function execute(address _to, uint _value, bytes _data) external onl
       yowner returns (bytes32 o_hash) {
2    if ((_data.length == 0 && underLimit(_value)) || m_required == 1)
         {
3      address created;
4      if (_to == 0) {
5        // 新たにコントラクトを作成し，Etherを送金
6        created = create(_value, _data);
7      } else {
8        // Etherを送金
9        if (!_to.call.value(_value)(_data))
10         throw;
11     }
12     SingleTransact(msg.sender, _value, _to, _data, created);
13   } else {
14     ...
15   }
16 }
```

ここで、コード 4.7 に示す initMultiowned 関数を見てみましょう。この関数は owner を初期化するための関数であり、2〜4 行目で関数を呼び出したアドレスが owner に設定されています。しかしこの関数の修飾子を確認してみると、可視性修飾子が省略され public に設定されています。そのため、誰でもが自身を owner に設定可能となってしまっています。つまり、誰でもがコード 4.6 の execute 関数を実行し自身へ送金することが可能になってしまっていました。

コード 4.7　可視性が省略された initMultiowned 関数

```
1  function initMultiowned(address[] _owners, uint _required) {
2    m_numOwners = _owners.length + 1;
3    m_owners[1] = uint(msg.sender);
4    m_ownerIndex[uint(msg.sender)] = 1;
5    for (uint i = 0; i < _owners.length; ++i){
6      m_owners[2 + i] = uint(_owners[i]);
7      m_ownerIndex[uint(_owners[i])] = 2 + i;
8    }
9    m_required = _required;
10 }
```

4－1－4 タイムスタンプ依存性 (Timestamp Dependency)

(a) 概要

Ethereum では、ブロック生成時に、マイニングに成功したノードのローカルタイムがブロックのタイムスタンプとして設定されています。Solidity では `block.timestamp` でその値を取得することができます。図 4-2 に示すようにブロックの検証では、タイムスタンプは前のブロックのタイムスタンプより大きく、検証ノードのローカルタイムから 15 分以内であることが求められます。しかし、これはつまりこの範囲内であることを満たせばブロックの検証が通るということであり、マイナーはこの範囲内でタイムスタンプの操作が可能となってしまいます。

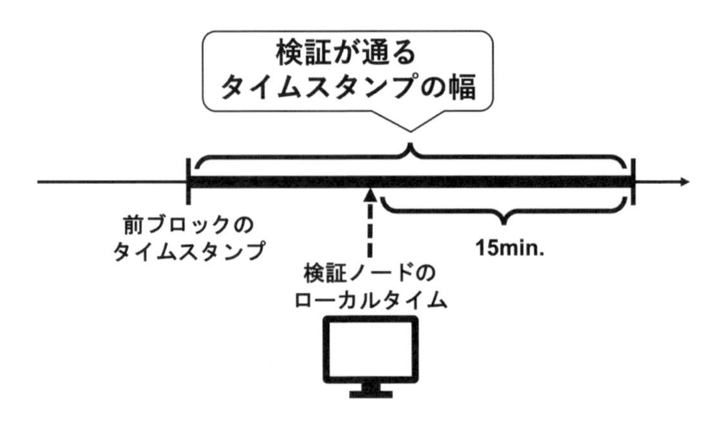

図 4-2 検証が通るブロックタイムスタンプの幅

このタイムスタンプの操作が可能であることに起因する脆弱性がタイムスタンプ依存性であり、タイムスタンプによって変化する値をトリガー条件として利用している場合に発生します。特に、送金条件の判定などでこのような条件が使用される場合は、金銭的な被害が発生してしまう可能性があります。

コード 4.8 は、実際にタイムスタンプ依存性を持つコントラクト[5]の一部です。このコントラクトでは、生成した乱数に従い Ether を送金するか否かを決定します。しかし、この乱数はタイムスタンプを元に生成されています。具体的には 8 行目の `if` 文によって送金の判定を行っていますが、この条件判定に使用されている変数は `random` 関数によって生成されています。さらに、`random` 関数から返される値は、15 行目で定義されるブロックのタイムスタンプである `salt` を元に生成されています。つまり、送金の判定はタイムスタンプを元に生成された値によって行われています。従って、マイナーがブロック生成前に計算してタイムスタンプを操作することで、送金するかどうかを操作することができる可能性があります。

コード 4.8　タイムスタンプがトリガー条件となっている例

```
1  contract theRun {
2    ...
3    function Participate(uint deposit) private {
4      ...
5      if(  ( deposit > 1 ether ) && (deposit > players[Payout_id].payo
         ut) ){
6        uint roll = random(100);
7        // タイムスタンプが元となる値を用いた条件判定
8        if( roll % 10 == 0 ){
9          msg.sender.send(WinningPot);
10         WinningPot=0;
11       }
12     }
13       ...
14   }
15   uint256 constant private salt =  block.timestamp;
16   // 乱数を生成する関数
17   function random(uint Max) constant private returns (uint256 resul
         t){
18     uint256 x = salt * 100 / Max;
19     uint256 y = salt * block.number / (salt % 5) ;
20     uint256 seed = block.number/3 + (salt % 300) + Last_Payout +y;
21     uint256 h = uint256(block.blockhash(seed));
22     return uint256((h / x)) % Max + 1;
```

[5] https://etherscan.io/address/0xcac337492149bdb66b088bf5914bedfbf78ccc18

```
23        }
24        ...
25    }
```

(b) 対策

このタイムスタンプ依存性の対策として挙げられる方法は、マイナーが恣意的に操作する余地のあるタイムスタンプではなく、ブロックチェーンにおけるブロックの順番として一意に決まるブロックインデックスを使用するような方法が挙げられます。Solidity においてブロックインデックスは `block.number` で取得できます。ブロックインデックスは、そのブロックがブロックチェーン上で何番目のブロックかを表すものであるため、マイナーによる操作はできません。どうしても時間に関する条件としてタイムスタンプを使用する必要がある場合は、マイナーによって操作されうる可能性を念頭において使用する必要があります。

4－1－5 ガスを消費させる DoS (Denial of Services)

(a) 概要

DoS はサービス拒否とも呼ばれ、コントラクトが何かの要因によって動作不能となることを表します。DoS にはいくつかのパターンがありますが、今回はガスの消費が要因となる DoS について説明します。この脆弱性が存在する場合、実行の途中でガスを使い切ってしまい、それ以降のコードが実行できずに動作不能となってしまう可能性があります。ガスを使い切ってしまう要因としては、ループ回数の増加などが挙げられます。

for 文などを用いてループを行うとき、ループの脱出条件が必要となります。ループ回数の増加による DoS は、この脱出条件に外部コントラクトやユーザによって操作可能な変数を使用した際に発生します。このパターンでは、意図せずループ回数が増加してしまう場合と、攻撃者が意図してループ回数を増加する場合のどちらも起こってしまう可能性があります。

現実的なコントラクトではありませんが、例として登録者全てにEtherを分配するようなコントラクトを考えましょう。コード 4.9 がそのコントラクトです。register 関数によって登録されたアドレス全てに、distribute 関数で送金を行います。この例では、distribute 関数内の 11 行目では for 文によるループを回していますが、登録者が増加するとそれに伴いループ回数が増加し、消費するガスの量が増加します。そのため、登録者がある一定数を超えると、このループは途中で必ずガスが尽きてしまい、関数が動作不能となってしまいます。

コード 4.9　外部操作可能な変数を使用したループの例

```
1  contract DoSDistribute {
2    address[] registrants;     // 登録者
3
4    // 登録を行う関数
5    function register() public {
6      registrants.push(msg.sender);
7    }
8
9    // 登録者にEtherを分配する関数
10   function distribute() public {
11     for(uint i=0; i<registrants.length; i++){
12       registrants.transfer(1);
13     }
14   }
15   ...
16 }
```

(b) 対策

ガスを消費する DoS を発生させないために、ループの脱出条件に外部操作が可能な変数を使用してはいけません。例として挙げたコントラクトでは各登録者に送金を行っていましたが、ループの増加を避けるため、コントラクトから登録者へ送金するのではなく、登録者が引き出しを行う方法へ変更するといった工夫が必要になります。

4－1－6 未確認の Call 命令 (Unchecked Call)

(a) 概要

コントラクトに対する送金や関数呼び出しは、transfer関数やsend関数、call関数などを使用します。この3つの関数のうち、transfer関数では呼び出したコントラクトで例外が投げられた場合、呼び出し元でも例外を投げ状態が実行前に巻き戻されます。一方、send関数とcall関数では、コントラクト呼び出しの成否としてboolean型の返り値を返します。

この脆弱性は、コントラクト呼び出しの際にsend関数やcall関数を使用し、その返り値を確認しない場合に発生します。コントラクトの呼び出しでは、ガスの不足や呼び出しスタックの超過などによって呼び出し先のコントラクトで例外が投げられる場合があります。この例外を想定し、呼び出し元のコントラクトではその例外処理を行う必要があります。send関数やcall関数では、このような場合に返り値がfalseとなりますが、状態の巻き戻しなどは発生しません。そのため、この返り値に対して例外処理を行わなければ意図しない挙動を引き起こしてしまう可能性があります。

この脆弱性を持っていたとして知られる古いバージョンのKing of the Ether[6] をコード 4.10 に示し、これを例に説明します。

KingOfTheEtherThrone は、支払う額によって王様が決定されるゲーム用コントラクトです。王様は currentMonarch として任命されています。currentMonarch になるには Ether を支払う必要があり、次に

[6] https://github.com/kieranelby/KingOfTheEtherThrone/blob/v0.4.0/contracts/KingOfTheEtherThrone.sol

currentMonarch に任命される人はさらにそれ以上の Ether を支払わなければなりません。次に任命される人が自身が支払った Ether より多くの Ether を支払うため、そのときの王様はその差分を利益として得ることができます。

ここでコードの7行目を見てみましょう。ここでは次の王様が任命される際に send 関数によって現王様に Ether が送られます。しかし、この関数の返り値は確認されていません。そのため、ここで呼び出しが失敗してしまった場合、今の王様に Ether が支払われないまま、12行目での次の王様への任命が行われてしまいます。

コード 4.10　KingOfTheEtherThrone コントラクトのコード

```
1
2  contract KingOfTheEtherThrone {
3    ...
4    function claimThrone(string name) {
5      ...
6        if (currentMonarch.etherAddress != wizardAddress) {
7          currentMonarch.etherAddress.send(compensation);
8        } else {
9          // When the throne is vacant, the fee accumulates for the wi
               zard.
10       }
11     ...
12     currentMonarch = Monarch(
13       msg.sender, name, valuePaid, block.timestamp
14     );
15     ...
16   }
17   ...
18 }
```

(b) 対策

未確認の Call 命令の簡単な対策は、call 関数や send 関数を使用する代わりに、transfer 関数を使用することです。先ほど述べたように、transfer 関数は呼び出し先で例外が投げられた際は、呼び出し元でも例外を投げ状態を巻き戻します。そのため、呼び出し元と呼び出し先の両コントラクトが実行前の状態に戻り整合性が保たれます。もしも call 関数や send 関数を使用する必要がある場合は、これらの関数の返り値を require 関数などを用いて必ずチェックしてください。

(c) 被害事例

先ほど紹介したように、古いバージョンの King of the Ether がこの脆弱性を持っていました。実際に、呼び出し先のコントラクト処理中にガスが尽きたことによって投げられた例外が処理されず、現在の王様への送金が完了しないまま終了してしまったトランザクションが存在しています[7]。この King of the Ether では、送金に send 関数を使用していますが、send 関数では、呼び出し中に使用できるガスの量に 2300 という制限があります。そのため、送金中の処理においてガスの制限に達し送金処理が巻き戻された結果、現在の王様はゲームの報酬を受け取ることができないまま、新しい王様が任命されるという状況に陥りました。

4－2　脆弱性の対策

ここまで紹介したように、スマートコントラクトには様々な脆弱性が存在しています。そのため、これらに対しての対策が記述言語のコンパイラや脆弱性の解析ツールなどによってとられています。

4－2－1　コンパイラによる対策

本節では Solidity のコンパイラで取られている対策について紹介します。4－1 節でも紹介していますが、算術オーバーフローやデフォルトの可視性などに対してコンパイラによる対策が行われています。算術オーバーフロー、アンダーフローに対しては、2020 年 12 月にリリース

[7] https://etherscan.io/address/0xb336a86e2feb1e87a328fcb7dd4d04de3df254d0

された v0.8.0 からはデフォルトでチェックが行われ、オーバーフローなどの発生時にコントラクトの状態を巻き戻すような仕様変更が行われています。また、デフォルトの可視性については、2017 年 9 月にリリースされた v0.4.17 において可視性が省略された場合に警告が発せられるようになり、その後 2018 年 3 月にリリースされた v0.4.21 において可視性の省略によるエラーの発生が仕様として加えられました。デフォルトの可視性への対策は、2017 年 7 月にこの脆弱性が起点の 1 つとなったパリティウォレット事件からの対策であるとも考えられます。さらに、アドレスの呼び出しやそれに伴う送金を行うための関数として、既存の `call` 関数や `send` 関数に加え、`transfer` 関数が v0.4.10 において導入されましたが、これも呼び出し中の例外を自動的に処理するための対策の一種と考えることもできるでしょう。また、Solidity では SMT(Satisfiability modulo theories) を用いたコントラクトの検証機能も導入されており、算術オーバーフローやリエントランシーなどに対するチェックに使用することができます [8]。

コンパイラではこのように脆弱性への対策が行われていますが、その大きなメリットの 1 つはスマートコントラクトのデプロイ前に必ず行われるコンパイル時に脆弱性が排除されるという点です。そのため、セキュリティ意識を持っていない開発者であっても、対策が導入されたコンパイラを使用することで脆弱性を除外したコントラクトを作成することが可能となります。実際にコンパイラの更新による影響を調査した結果、Unchecked Call などの脆弱性に対して効果があることも確認されており、v0.6 を使用したコントラクトのうち Unchecked Call が含まれるコントラクトは 49.10%であったものの、v0.8 を使用したコントラクトでは 22.04%まで減少しているという結果が得られています [2]。

[8] https://docs.soliditylang.org/en/v0.8.17/smtchecker.html?highlight=smt

(a)　コンパイラによる対策の例

コンパイラで実際に脆弱性をどのように対策できるようになっているか、2つほどを例を用いて紹介します。

算術オーバーフローの場合　算術オーバーフローは、足し算などの演算結果により変数の型の範囲外に値がなってしまうことで、何らかの悪用がなされる脆弱性でした。この挙動がコンパイラのバージョンごとに異なる例を示します。まずコード 4.11 に算術オーバーフロー脆弱性を持つコードの例を示します。このコードでは 15 行目から 18 行目にある overflow 関数でオーバーフローが発生しています。

コード 4.11　オーバーフローの例

```
1  pragma solidity <0.9.0;
2
3  contract Storage {
4
5      uint256 number;
6
7      function store(uint256 num) public {
8          number = num;
9      }
10
11     function retrieve() public view returns (uint256){
12         return number;
13     }
14
15     function overflow() public {
16         uint8 a = 255;
17         a = a + 1;
18     }
19 }
```

このコードをコンパイル・デプロイした結果は図 4-3 になります。これは v0.8.18 のコンパイラでコンパイル・デプロイしました。画面左側に関数として定義されたボタンが表示されています。

では実際に関数を実行してみましょう。前述したとおり、overflow

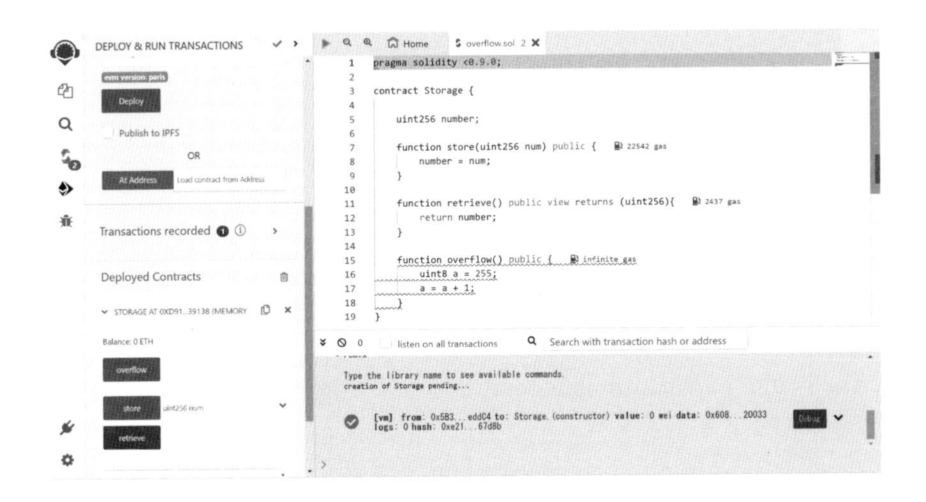

図 4-3　コード 4.11 の実行結果

関数を実行することでオーバーフローが発生するはずです。v0.8.18 でコンパイル・デプロイした関数を実行したところ、結果はコード 4.12 の通りになりました。

コード 4.12　バージョン 0.8.18 の実行例

```
1  status  false Transaction mined but execution failed
2  transaction hash  0xf65322f73070a6fc9445d3283a3cd945574d2103127b9830
       dd5541a06bcb6c1a
3  from  0x5B38Da6a701c568545dCfcB03FcB875f56beddC4
4  to  Storage.overflow() 0xd9145CCE52D386f254917e481eB44e9943F39138
5  gas 3000000 gas
6  transaction cost  21398 gas
7  execution cost  346 gas
8  input 0x004...264c3
9  decoded input {}
10 decoded output  {}
11 logs  []
12 val 0 wei
```

1 行目を見てみましょう。status の結果が、false Transaction mined but execution failed となっています。これはトランザクションは与えられたものの実行ができなかったことを意味しています。この実行できなかったという結果はコンパイラにより得られています。コードがコンパイル及びデプロイできたものの、処理が切り戻しされているのです。

一方、脆弱なバージョンとして、v0.7.6 でコンパイル・デプロイした overflow 関数を実行したところ、結果はコード 4.13 に示す通りになりました。この 1 行目を見ると、status の結果が true Transaction mined and execution succeed となっています。これはトランザクションが与えられたことで、実際に実行できてしまったこと、すなわち、算術オーバーフロー脆弱性を持っていることを表しています。コード 4.12 の実行例と比べると、コンパイラで対策がされていることが確認できます。

コード 4.13　オーバーフローの例

```
1  status  true Transaction mined and execution succeed
2  transaction hash  0x635791d279681ff67066ef06b2aefd815d2c6dc474752b13
       ebb73fc3efd4b839
3  from  0x5B38Da6a701c568545dCfcB03FcB875f56beddC4
4  to  Storage.overflow() 0xf8e81D47203A594245E36C48e151709F0C19fBe8
5  gas 24382 gas
6  transaction cost  21201 gas
7  execution cost  149 gas
8  input 0x004...264c3
9  decoded input {}
10 decoded output  {}
11 logs  []
12 val 0 wei
```

デフォルトの可視性の場合　デフォルトの可視性は、private や internal に設定するべき関数に対して可視性を省略してしまった場合に、関数の可視性がデフォルトの public に設定されることで、全てのコントラクトとユーザがその関数を呼び出すことが可能になってしまう脆弱性でした。この脆弱性に対するコンパイラの挙動は先ほどの算術オーバーフローのものとは異なり、そもそもコンパイルができないようになっています。そのことを以下で確認していきます。

まずコード 4.14 にデフォルトの可視性を持つコードの例を示します。

コード 4.14　デフォルトの可視性の例

```
1  pragma solidity <0.9.0;
2
3  contract Storage {
4
5      uint256 number;
6
7      function store(uint256 num) {
8          number = num;
9      }
10
11     function retrieve() public returns (uint256){
12         return number;
13     }
14 }
```

このコードでは 7 行目から 9 行目にある store 関数でデフォルトの可視性があります。このコードを v0.8.18 でコンパイルしたところ、結果はコード 4.15 に示す通りになりました。

コード 4.15　コンパイル結果

```
1  SyntaxError: No visibility specified. Did you intend to add "public"
       ?
2   --> default-visibility.sol:9:5:
3    |
4  9 |     function store(uint256 num) {
5    |     ^ (Relevant source part starts here and spans across multipl
         e lines).
```

これはコードがコンパイルできなかったことを意味しています。コード 4.15 の 1 行目にある SyntaxError: No visibility specified. がその証拠です。つまり、 v0.8.18 のコンパイラではデフォルトの可視性を持つようなコードはコンパイルできないようにすることで、脆弱性を

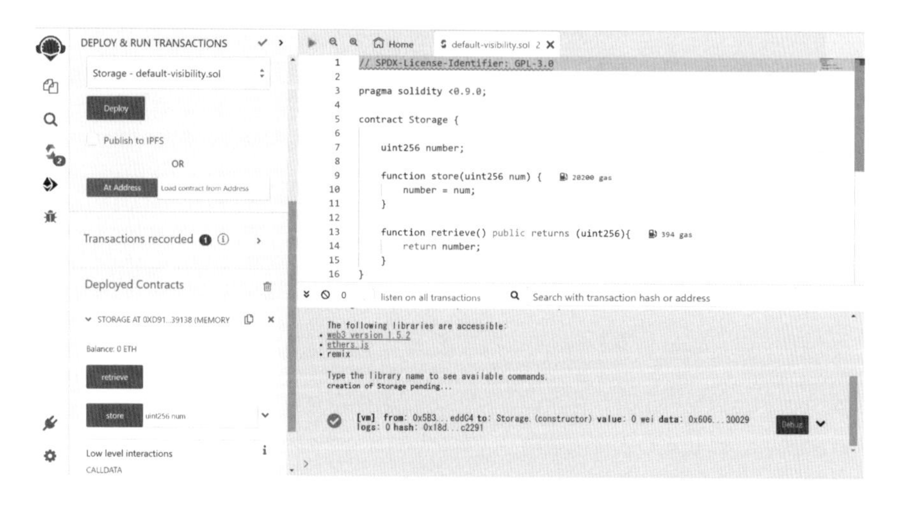

図 4-4　コード 4.14 の実行結果

防いでいます。

一方、同じコードを v0.4.18 でコンパイルしたところ、コード 4.16 に示す警告が出るもののコンパイルが成功しました。コード 4.16 の 1 行目を見ると、`No visibility specified. Defaulting to "public".` の文字が表示されており、デフォルトの可視性に関する警告を表しています。

コード 4.16　コンパイルした際の警告表示

```
1 default-visibility.sol:9:5: Warning: No visibility specified. Defaul
      ting to "public".
2     function store(uint256 num) {
3     ^
4 Spanning multiple lines.
```

実際にデプロイした画面が図 4-4 になりました。画面の左下を見てみると、四角い箱に `store` と `retrieve` の文字が見えます。これらはコード 4.14 で定義された関数であり、コンパイル及びデプロイができたことがわかります。このstore関数は実行可能であるため、デフォルトの可視性を踏み台にされてしまう可能性を、このデプロイしたコントラクトは持っていることになります。

これにより、コンパイラによる対策として、デフォルトの可視性はコンパイルの可否がバージョンにより分かれることが確認できました。最新のコンパイラでコンパイルが通らないということは、脆弱性を防ぐという観点で重要な機能を持っていることが分かります。

4－2－2　セキュリティ検査ツールの設計

コンパイラで脆弱性の対策がされている一方、研究者たちによる脆弱性の検知ツールなど、セキュリティ検査ツールの開発も進んでいます[3]。以降ではまず検査ツールの枠組みとしてシンボリック実行、形式検証を用いた解析について、それぞれ説明します。その後に、代表的なツールとしてOyente[4]とEth2Vec[5]を紹介します。

(a) シンボリック実行

シンボリック実行とはプログラムの引数などソースコード上では得られない情報を補うために、コード内の変数をシンボル変数と呼ばれる任意の値を表現する変数に置き換えて、擬似的に実行する解析手法です。ソースコードから実行可能なパスの情報、すなわち制御フローグラフ(CFG) を抽出して解析します。CFG はプログラムが辿ることができる全ての実行パスを有向グラフで表したもので [6][7]、それぞれの頂点はブロックを、辺は実行制御フローを表します [8][9]。CFG はプログラム内の到達不可能なコードを見つけるために一般的に使用されています [6]。とくにスマートコントラクトはコード外の情報としてブロックチェーン上の情報を多く用いることからシンボリック実行と相性が良く、多くの関連ツールが開発されています [10][11][12][13][14]（各文献の詳細については、章末で紹介します)。

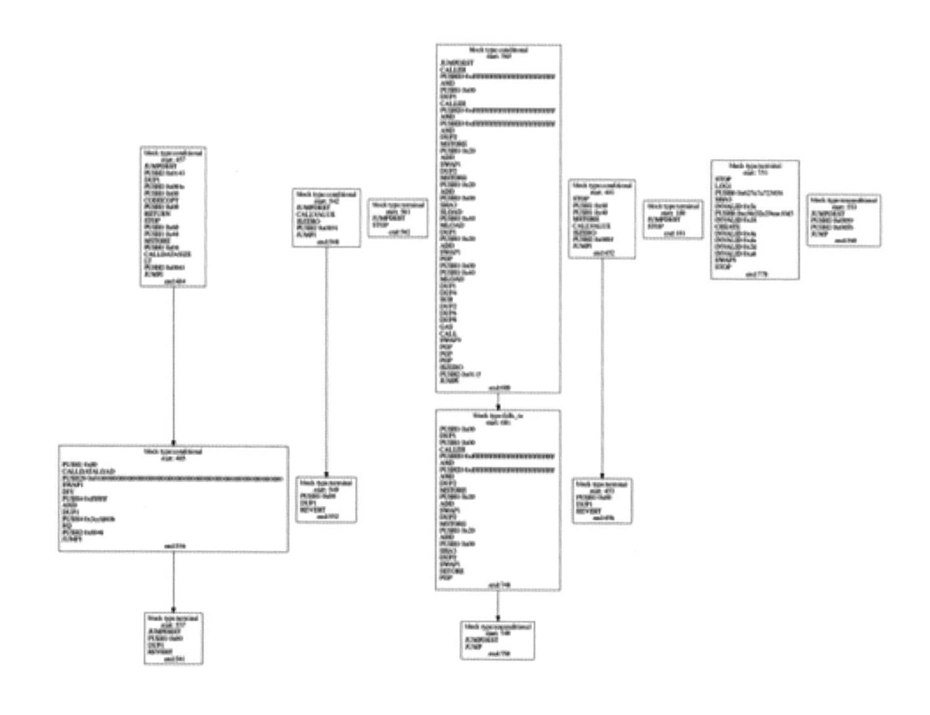

図 4-5 コントロールフローグラフ

(b) 形式検証

形式検証とは、述語論理に基づいて情報技術の正当性を保証する手法です。形式検証を適用するには、対象を何らかの述語論理を用いて形式化する必要があります。対象がプログラムの場合には、プログラムの意味論が述語論理として表現されていなければなりません。形式検証は元々は仕様に不備がないか確認する目的でしたが、現在では脆弱性がないかなどセキュリティの検査にも利用されます。各安全性を述語論理で記述することで、抜けがなく正確な脆弱性の解析が可能となるというのが、セキュリティの検査で利用される理由です。スマートコントラクトの安全性解析にも形式検証は検討されています[15]。多くの文献ではEthereum の仕様を述語論理を用いて形式化する程度であり、脆弱性を網羅的に解析する結果には至っていませんでした[16][17][18][19][20]。近年において、Grishchenko らが形式検証を用いたeThor[21] を提案することで、脆弱性を汎用的に解析することが初めて可能になりました（各文献の詳細については、章末で紹介します）。

（c）機械学習

機械学習は大量のデータを学習させることで、与えられたデータに対する最適解を導く手法です。機械学習は大まかにはモデルの学習と推論という2つの処理から構築されます。まず脆弱なプログラム、及び脆弱でないプログラムのデータを集め、 これらを訓練データとしてモデルが脆弱性を認識するための訓練を行います。訓練を通じてモデルは脆弱性を認識できるようになったのち、推論として脆弱性の有無を評価したいデータを与えます。このとき、モデルはこれまでの訓練に基づいて、脆弱性の有無を判定できるようになります。一般に、機械学習に基づく解析では、その性能は訓練データの量と質に大きく左右されます。基本的にはモデルに与えられた訓練データが多いほど高くなると考えられています。また、訓練データの質に関しては、脆弱なプログラムと脆弱でないプログラムの種類をより反映していれば反映しているほど、高い解析性能が期待できます。スマートコントラクトの安全性解析にも機械学習は利用されています[5][6][22][23][24][25][26][27]（各文献の詳細については、章末で紹介します）。

コラム Ethereum スマートコントラクトと従来言語の解析の違い

Ethereum スマートコントラクト以前にも C 言語など様々なプログラミング言語がありました。Ethereum スマートコントラクトとこれらの従来の言語の違いは、スマートコントラクトの動作の特殊性にあります。まず Ethereum スマートコントラクトは 3 章でも述べたとおり、ガスという概念があります。これは従来のプログラミング言語にはなかった概念であり、例えばガスがいたずらに消費されていないかなどの解析は、従来の言語に対する解析手法では応用が利きません。また、Ethereum スマートコントラクトはコード外の情報としてブロックチェーン上の情報を多く用いており、その状態によってもコードの動きが異なることもあり得ます。これも従来のプログラミング言語にはなかった観点であることから、やはり従来の言語に対する解析手法は応用できません。Ethereum スマートコントラクトの解析を考える際は、これらの観点を取り入れる必要があります。

(d) Oyente

Oyente[4] はスマートコントラクトセキュリティの黎明期に開発されたツールで、後続する様々なツールの先駆けとなりました。Oyente は基本的なリエントランシー脆弱性に加え、その他の簡単な脆弱性の検知が可能なツールです。General Public License v3.0 ライセンスで公開されており、後続の研究による拡張もなされています[9]。まさに、Ethereum の安全性解析の分野を切り拓いたツールと言えます。

[9] https://github.com/enzymefinance/oyente

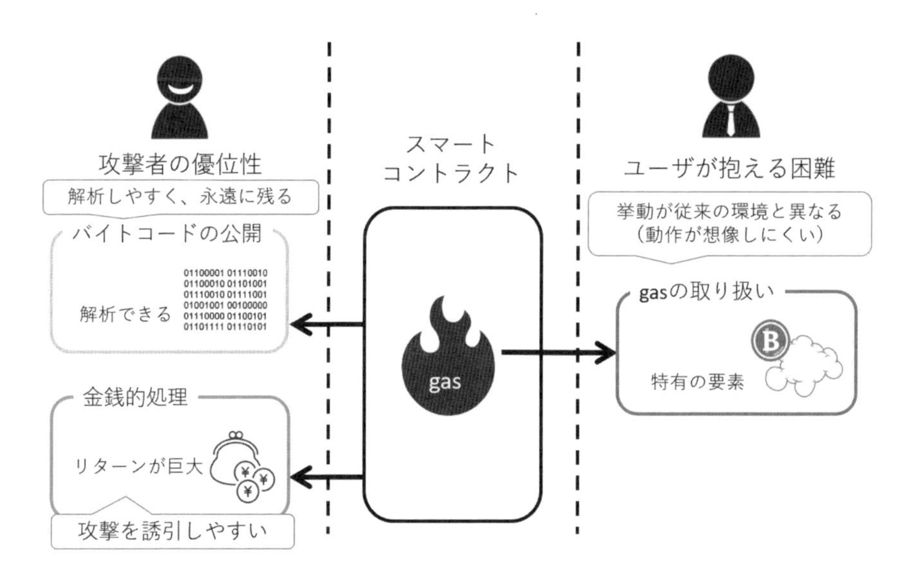

図 4-6　Ethereum スマートコントラクトと従来言語の違い

しかし、Oyente は現在では最新のコントラクトを解析にするには不十分なツールとなりました。リエントランシーの解析手法について、関数呼び出し命令に遭遇した時点での経路条件式が充足可能であるかという直観的な着想に基づいた設計となっており、脆弱性の検査精度に限りがあることが知られています。また、実装に用いた言語が Python2 でしたが、Python2 は 2020 年 1 月でサポートを終了していること、依存関係にあるライブラリのバージョンが古く、現状では実行環境を再現するのが難しいこと、最新の Solidity と互換性がないことなど、現在では利用が難しい状態になっています。そのため、配布されている Docker イメージ以外で Oyente を使用することは困難になっています。

(e) Eth2Vec

Eth2Vec は機械学習に基づく解析手法です。とくに言語処理技術を応用することで、汎用的な解析を可能にしたツールになっています。

機械学習　まず機械学習の動作について説明します。機械学習は、大まかには大量のデータに基づいて最適化を行う手法であり、昨今の AI 技術はこの機械学習に基づいています。なお、機械学習では「AI」に相当する言葉として「モデル」を用います。以降ではモデルという言葉を用いて説明します。

機械学習はモデルの学習と推論という 2 つの処理から構築されます。モデルは内部に最適解を計算するためのパラメータを保持しています。学習処理ではこのパラメータを、大量のデータを与えることで、更新していきます。実際の処理としては、現在のパラメータで計算された結果と、データそのものが持つ本来あるべき答えのずれを計算することで、本来あるべき答えに近づくように、パラメータの更新を行います。それらの更新を経て、限りなく最適解に近いパラメータを得たら、学習処理は完了です。次に、推論は実際にモデルを利用する段階です。学習に用いていないデータをモデルへの入力として与えたとき、モデルはこれまで更新されてきたパラメータに基づいて、その入力に対する推論を行います。

まず脆弱なプログラム、及び脆弱でないプログラムのデータを集め、これらを訓練データとしてモデルが脆弱性を認識するための訓練を行います。訓練を通じてモデルは脆弱性を認識できるようになったのち、推論として脆弱性の有無を評価したいデータを与えます。このとき、モデルはこれまでの訓練に基づいて、脆弱性の有無を判定できるようになります。一般に、機械学習に基づく解析では、その性能は訓練データの量と質に大きく左右されます。基本的にはモデルに与えられた訓練データが多いほど高くなると考えられています。また、訓練データの質に関しては、脆弱なプログラムと脆弱でないプログラムの種類をより反映していれば反映しているほど、高い解析性能が期待できます。

コラム　機械学習の問題

機械学習は決して万能ではありません。代表的な問題として、学習に用いたデータで性能が決まってしまうという点があります。つまり、十分なデータを確保できない状況では効果が期待できませんし、他者と同じ作業を行うAIの開発競争を行った場合、質・量ともに良いデータを持つ方が圧倒的に有利になります。また、学習時のデータと極端に異なるものは正確に推論できません。これは与えられたデータに従ってパラメータを更新する機械学習の特性上、避けることができない問題になります。このため、機械学習は高い効果を生む一方、利用したいときはこれらの観点を考慮することが求められます。

コラム　機械学習の学習処理としての脆弱性

機械学習において、学習時に変なデータを混入されたらどうなるでしょうか。結果を簡潔に言うと、質の悪いモデルができあがります。これは毒入れ攻撃と呼ばれる、機械学習における脆弱性として知られています [28]。人間で例えるなら、嘘の知識を教えられることで、事実を正確に認識できていないような人になってしまうようなものです。昨今ではグーグルの研究者たちが、このポイズニング攻撃に関して警鐘をならしています [29]。また、近年ではChatGPTを攻撃者が利用することで、他のモデルに対するポイズニング攻撃を効果的に行える結果も示されました [30]。これまでにも機械学習へのポイズニング攻撃の対策は研究されていましたが、今後はこのポイズニング攻撃の分野が加速していくことが予想されます。とくに ChatGPT のような誰でも利用できるような機械学習モデルを用いることで、他の機械学習モデルを攻撃できる点は社会的にも重要な課題と言えます。ポイズニング攻撃に対するブロックチェーンの応用も研究されており、その内容は 5 章で紹介します。

自然言語処理の応用　さて、機械学習を用いたスマートコントラクトの解析ツールは多く提案されています [6][23][25][27][31]。これらが一般的な機械学習技術を用いていることに対し、Eth2Vec は自然言語処理技術を応用している点が異なります。ここでいう自然言語処理とは、直接入力されたテキストデータを単語あるいは段落単位でベクトル化することで、その類似度を計算するものを指します。代表的な手法として Word2Vec[32] があります。

自然言語処理技術を利用する理由は、コードそのものを学習することで脆弱性の解析ができるようになるからです。一般的な機械学習では学習する特徴量を解析者が自らコードから選定してモデルを訓練する必要がありますが、この選定が適切ではない場合、そもそもモデルを訓練したとしても脆弱性を検知できるようになるとは限りません [6]。これに対し、自然言語処理はコードをそのまま利用することで、特徴量の選定を除外した解析が可能となります。例えば、コードの安全性解析においては、訓練に用いた脆弱なコードと、推論にコードとの類似度を比較することで、脆弱性を検知できるようになります。

一方、自然言語処理をコードの解析に用いた場合、コードの書き方が人によって異なるため、本来同じ機能を持つコードが正確に同じものと認識できるかあいまいになるボキャブラリの問題が知られています。例として、処理が同じになっているコードの例をコード 4.17 とコード 4.18 に示します。

コード 4.17　ボキャブラリ問題の例 1

```
1 function ObsidianSmartPay() {
2     balances[msg.sender] = totalSupply;
3 }
```

コード 4.18　ボキャブラリ問題の例 2

```
1 function ObsidianSmartPay() {
2     owner = msg.sender;
3     balances[owner] = totalSupply;
4 }
```

これらのコードは変数 owner に msg.sender が書き込まれている点で、まったく同じ処理をしています。しかし、自然言語処理モデルが上手く訓練されていない場合、これらのコードを別物として認識してしまうことがありえるわけです。

Eth2Vec の原理　Eth2Vec では段落ベクトル分散学習 (PV-DM)[33] を採用しています。PV-DM モデルは自然言語による文書表現をトークン単位で学習するニューラルネットワークです。しかし、自然言語は順序立てて記述されるのに対し、プログラミング言語はコントロールグラフで表現することができるなど特定の構造・構文を持っているため、そのままでは PV-DM モデルでもプログラミング言語に対して適切な学習が行えない可能性があります [34]。そこで Eth2Vec では、コントラクトの解析を実現するために PV-DM モデルとともに、構文解析器も新たに設計しています。Eth2Vec そのものとは少し話がそれますが、このようなちょっとした機構の違いで、精度を改善できる点も機械学習の面白い点です。

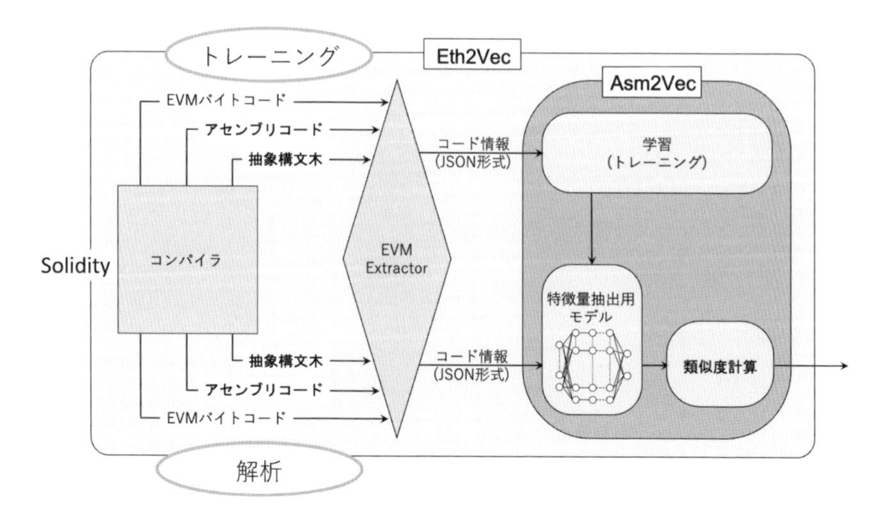

図 4-7　Eth2Vec の全体図 [5]

Eth2Vec の全体図を図 4-7 に示します。Eth2Vec は大きく分けて 2 つのモジュールから構成されます。1 つ目は自然言語処理に関するニューラルネットワークである PV-DM モデル、2 つ目は PV-DM モデルが入力とするコード情報をコントラクトから生成する EVM Extractor です。

まず、コントラクトの解析を実現するためのニューラルネットワークとして PV-DM モデルを用います。PV-DM モデルは JSON 形式でコントラクトのコード情報を入力として受け取り、それぞれのコントラクトを特徴量としてベクトル化します。このとき、PV-DM モデルはコントラクトを直接入力として受け付けないため、JSON 形式のコード情報を EVM Extractor を通してコントラクトから生成する必要があります。EVM Extractor ではコントラクトの構文を解析することで、JSON 形式にまとめます。これにより、ユーザ視点では、Eth2Vec に Solidity で記述されたコントラクトを入力するだけで、コードが持つ脆弱性のリストを解析結果として得ることができます。なお、Eth2Vec の訓練用コントラクトが持つ脆弱性については、あらかじめ既存の解析ツール [4][35] によって与えられていることが必要になります。Eth2Vec の動作としては、脆弱性を持つ訓練用コントラクトと推論対象となるコントラクトとの類似度を評価することで、推論対象のコントラクトが持つ脆弱性を検知しています。

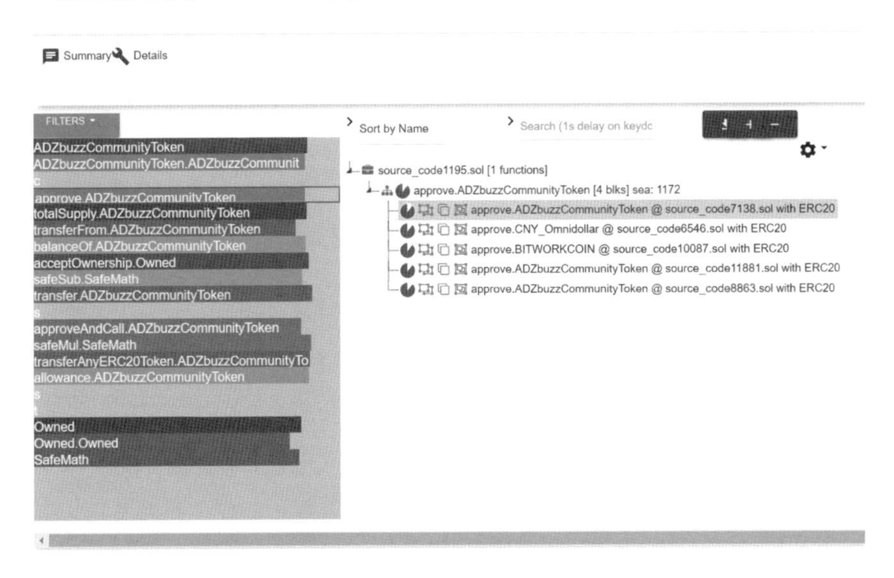

図 4-8　Eth2Vec の出力画面 [5]

出力画面　Eth2Vec の出力結果の一例を図 4-8 に示します。入力された推論対象のコントラクトに含まれる関数に対して、類似した訓練用コントラクトが、画面左側に色付きでリスト上に表示されています。この画面左側のリストにおいて各関数は「関数名．コントラクト名」で表記されており、各関数を選択することで検知結果の詳細を確認することが可能です。その際、各関数の検知結果の詳細は画面右側に表示されます。最上位に記載されているものが推論対象のコントラクトそのものであり、そこからリスト形式の第2階層に選択した関数が表示されます。第3階層には、第2階層に表示された関数に対して類似度の高い訓練用コントラクトの関数が、その類似度が高い順に並んでいます。第3階層の関数が、第2階層の関数に類似した関数になります。第3階層の各関数は、第2階層の関数に対する類似度の円グラフと、関数名、コントラクト名、及びコントラクトファイル名で表記され、その訓練用コントラクトが含む脆弱性まで表示されます。Eth2Vec では、この出力結果を確認することで、推論対象のコントラクトファイルに含まれる全ての関数について、脆弱性が含まれているか確認することが可能です。

Eth2Vec のコードは公開されているので、興味のある人はぜひ利用してみてください[10]。

コラム　アセンブリの解析プラットホーム

Eth2Vec は高級言語である Solidity を対象としていますが、低レベルの言語であるバイトコードをディスアセンブリする解析方法も考えられます。ディスアセンブリするためのプラットホームも様々なものが公開されており、とくに機械学習の利用に適したものとして Kam1n0[36] があります。Kam1n0 はアセンブリ言語を用いた類似性の高いコード（コードクローン）を探すことができ、また、その拡張含めたソースコー

[10] https://github.com/fseclab-osaka/eth2vec

ドは公開されています[11]。Eth2Vec はこの Kam1n0 を拡張して開発しており、図 4-8の出力画面はもとはKam1n0 のプラットホームになります。ディスアセンブリを拡張してなにかツール設計などをしてみたい人は、ぜひ Kam1n0 自体に触れてみてください。

4－3　脆弱性に関する研究

4－3－1　脆弱性の実態調査

Ethereum スマートコントラクトの脆弱性に関する実態調査を行った研究を紹介します。文献[37] では脆弱性ごとにコントラクト数及び実際に被害が発生した件数と被害額を調査しています。被害としては、300万 Ether 相当額に脆弱性があり、そのうち実際 1 万 Ether が盗まれたことを示しています。

一方、文献[38] では、既存の脆弱性解析ツールに対する性能調査として、2015 年から 2019 年までに作成されたスマートコントラクトの解析を行い、脆弱性件数の経年変化を調査しました。また、各論文で発表されている脆弱性解析ツールの公開状況は文献 [3] で整理されています。既存のツール自体の性能比較は様々に行われていますが [38][39][40]、いずれの論文でも SmartCheck[35] と Mythril[41] の 2 つがとくに性能が高いことが確認されています。SmartCheck は計算が高速でツールも GitHub で公開されています[12] が、その更新は 2021 年 12 月を最後に止まっています。一方、Mythril は更新が継続して行われており、ツールも GitHub 上で公開されています[13]。Mythril は計算時間が長いという

---

[11] https://github.com/McGill-DMaS/Kam1n0-Community
[12] https://github.com/smartdec/smartcheck
[13] https://github.com/ConsenSys/mythril

問題はありますが、ツールとしては非常に有益と言えます。どんなツールがあるか、あるいは、各ツールの性能に興味がある読者はぜひ文献[38][39][40] を参照することを薦めます。また、脆弱性を意図的に埋め込むことで、攻撃者からむしろ暗号通貨を詐取するハニーポットの実態調査もされています [42]。

興味深い調査として、スマートコントラクトの開発者が実際に最新のコンパイラおよび脆弱性解析ツールを利用しているかの調査もされています [43]。この調査ではスマートコントラクトの開発者に対してセキュリティをどれだけ意識しているかなどアンケート調査することで、半数程度の開発者しか最新のコンパイラおよびツールを利用していないことが示されました。実際に各コンパイラの挙動をバージョンごとに評価したところ、新たなコンパイラはリリース直後は動作が不安定であること [44]、また、Solidity 5.0 ではこれまでとは大幅に挙動が変わったことで動作が不安定だったことが示されています [45]。一方、著者の成果として、コンパイラの更新により脆弱性自体は削減できていることは確認されています [2]。コンパイラによる対策の有効性を知りたい方はぜひこれらの文献を参照してみてください。

4－3－2 解析ツールの動向

解析ツールについて、シンボリック実行、形式検証、機械学習の 3 点から、既存の文献を紹介します。

(a) シンボリック実行

シンボリック実行は Ethereum スマートコントラクトの解析の重要な先駆けであり、先に述べた Oyente[4] もシンボリック実行です。Oyente は基本的なリエントランシーに加えその他の簡単な脆弱性の検知が可能です。Oyente は様々な拡張があることを述べましたが、例えば算術オーバーフローを検知できるOsiris[10]、ガスコストを表現するGasper[14]、特殊な挙動をするリエントランシー脆弱性に特化して作ったRA[12]が拡張として知られています。また、シンボリック実行の出力を読みやすくするという観点から、Solidity からバイトコードへのコンパイルとバイトコードからのディスアセンブリを行う Manticore[46] があります。Annotary[11] では実際の実行とシンボリック実行を組み合わせたコンクリック実行による解析を導入しており、また、シンボリック実行を部分的に行うことで関数呼び出しのパスを特定する sCompile[47] が知られています。最も優れた成果はシンボリック実行とコードの抽象化表現を関数が満たすべき安全性を検証する VerX[48] があります。いずれのツールも公開されていますので、シンボリック実行に興味がある人はそれぞれの文献を読んでみてください。

(b)　形式検証

Ethereum スマートコントラクトの形式検証はINRIA の研究者らによって始められました [15]。形式検証の金字塔となる成果として、形式検証ツールである K-フレームワーク [49] を用いた KEVM[16] があります。ここでいう K-フレームワーク [49] とは、高い表現能力を持つマッチング論理 [50] に基づいて開発されたツールです。KEVM では、Ethereum に公式に提供されている全てのテストケースを評価できるような形式化がされており、バイトコードレベルでの形式検証を行うための基盤が確立されました。この KEVM を発端に、Ethereum に関する様々な研究が K-フレームワークによってなされました。KEVM より高いレイヤーの形式化として、コントラクト記述言語である Solidity の基本的な文法を形式化した kSolidity[51] が提案されています。kSolidity における Ethereum ネットワークの構成は KEVM のものと矛盾しないこと（すなわち併せて検証できること）が示されており、また、Solidity

の基本的なコードを検証できます。また、一般トークンに対する標準規格であるERC-20 の形式化 [52] もされています。この研究では、内部で簡易的なプログラミング言語を定義し、その構文に基づいてERC-20の関数が実行可能となりました。しかしながら、上述した成果では、安全性検証に関する議論は重点的には行われませんでした。安全性を評価した結果では、Grischenko ら [19] が形式化を行うとともに、Security[17]、ZEUS[18] などのツールが開発されています。しかし、これらのツールでは検知できない攻撃の存在も指摘されています [1]。近年には形式検証で安全性を包括的に評価できるようにしたツールとして eThor[21] が発表されました。eThor は非常に完成度の高い結果ですので、興味のある読者はぜひ文献 [21] を読んでみてください。

(c)　機械学習

Ethereum スマートコントラクトに対する機械学習を用いた安全性解析は、2020 年ごろから活発になりました。初期の方式である Contract-Ward[23] はサポートベクトルマシンなど平易な機械学習モデルを用いており、抽出する特徴量は解析するユーザが自ら設計する必要がありました。そのため、特徴量抽出が必ずしも適切に行えず、検知可能な脆弱性が限られるという問題がありました。また、EClone[25] はコード類似度の計算を通して、Ethereum スマートコントラクトのコードクローンを検知するツールです。EClone も平易な機械学習を利用していますが、この特徴量ベクトル間の計算に適したシンボリック実行方式も併せて提案しています。このため、上述したシンボリック実行のツールと組み合わせた解析なども期待できます。特徴量抽出を自動化する研究として、言語処理技術である Word2Vec と長・短期記憶 (LSTM) を組み合わせた VulDeeSmartContract[53] が提案されました。このツールはリエントランシーの検知に特化している点が特徴です。より高機能な機械学習モデルを用いた手法として、ニューラルネットワークを用いた安全性解析ツールであるILF[26]があります。ILFはソフトウェア検査の手法であるファジングテスト用の入力を、ニューラルネットワークを用いて自動生成するツールです。その際、ILFはシンボリック実行を通して特徴量を抽出することで、コードを学習させます。シンボリック実行の結果を入力として学習を行うという点で、ILFもまた、シンボリック実行と組み合わせることが可能です。最後にSmartEmbed[24]は、テキストをベクトル化するFastTextという技術を用いて、クローン検知に基づきスマートコントラクトのバグ検出を行うツールです。SmartEmbedは、Eth2Vecに最も近い構成をしており、また似通った機能を提供しています。最新の結果では自然言語処理モデルとしてBERT[54]という高機能な言語処理モデルの利用が注目されています。BERT自体は一般的な言語処理モデルでしたが、これをスマートコントラクトの安全性解析に用いた結果があり、高い精度が示されています[55]。今後はより洗練された自然言語処理モデルを用いた安全性解析ツールの設計が期待されています。

参考文献

[1] M. Rodler, W. Li, G. O. Karame, and L. Davi. Sereum: Protecting existing smart contracts against re-entrancy attacks. In *Proc. of NDSS 2019*. Internet Society, 2019.

[2] C. Kado, N. Yanai, J. P. Cruz, and S. Okamura. An empirical study of impact of solidity compiler updates on vulnerabilities. In *Proc. of BRAIN 2023*, pages 92–97. IEEE, 2020.

[3] M. D. Angelo and G. Salzer. A survey of tools for analyzing ethereum smart contracts. *2019 IEEE International Conference on Decentralized Applications and Infrastructures (DAPPCON)*, pages 69–78, 2019.

[4] L. Luu, D.-H. Chu, H. Olickel, P. Saxena, and A. Hobor. Making smart contracts smarter. In *Proc. of CCS 2016*, pages 254–269. ACM, 2016.

[5] N. Ashizawa, N. Yanai, J. P. Cruz, and S. Okamura. Eth2vec: Learning contract-wide code representations for vulnerability detection on ethereum smart contracts. In *Proc. of BSCI 2021*, pages 47–59. ACM, 2021.

[6] P. Momeni, Y. Wang, and R. Samavi. Machine learning model for smart contracts security analysis. In *Proc. of PST 2019*, pages 1–6. IEEE, 2019.

[7] J. A. Harer, L. Y. Kim, R. L. Russell, O. Ozdemir, L. R. Kosta, A. Rangamani, L. H. Hamilton, G. I. Centeno, J. R. Key, P. M. Ellingwood, et al. Automated software vulnerability detection with machine learning. *arXiv preprint arXiv:1803.04497*, 2018.

[8] D. D. Yao, X. Shu, L. Cheng, and S. J. Stolfo. *Anomaly Detection as a Service Challenges, Advances, and Opportunities.* Morgan & Claypool Publishers, 2017.

[9] K. Xu, D. D. Yao, B. G. Ryder, and K. Tian. Probabilistic program modeling for high-precision anomaly classification. In *Proc. of CSF 2015*, pages 497–511. IEEE, 2015.

[10] C. F. Torres, J. Schütte, et al. Osiris: Hunting for integer bugs in ethereum smart contracts. In *Proc. of ACSAC 2018*, pages 664–676. ACM, 2018.

[11] K. Weiss and J. Schütte. Annotary: A Concolic Execution System for Developing Secure Smart Contracts. In *Proc. of ESORICS 2019*, volume 11735 of *LNCS*, pages 747–766. Springer, 2019.

[12] Y. Chinen, N. Yanai, J. P. Cruz, and S. Okamura. Hunting for re-entrancy attacks in ethereum smart contracts via static analysis. *arXiv preprint arXiv:2007.01029*, 2020.

[13] H. Liu, C. Liu, W. Zhao, Y. Jiang, and J. Sun. S-gram: towards semantic-aware security auditing for ethereum smart contracts. In *Proc. of ASE 2018*, pages 814–819. ACM, 2018.

[14] T. Chen, X. Li, X. Luo, and X. Zhang. Under-optimized smart contracts devour your money. In *Proc. of SANER 2017*, pages 442–446. IEEE, 2017.

[15] K. Bhargavan, A. Delignat-Lavaud, C. Fournet, A. Gollamudi, G. Gonthier, N. Kobeissi, N. Kulatova, A. Rastogi, T. Sibut-Pinote, N. Swamy, et al. Formal verification of smart contracts: Short paper. In *Proc. of PLAS 2016*, pages 91–96. ACM, 2016.

[16] E. Hildenbrandt, M. Saxena, N. Rodrigues, X. Zhu, P. Daian, D. Guth, B. Moore, D. Park, Y. Zhang, A. Stefanescu, et al. Kevm: A complete formal semantics of the ethereum virtual machine. In *Proc. of CSF 2018*, pages 204–217. IEEE, 2018.

[17] P. Tsankov, A. Dan, D. Drachsler-Cohen, A. Gervais, F. Buenzli, and M. Vechev. Securify: Practical security analysis of smart contracts. In *Proc. of CCS 2018*, pages 67–82. ACM, 2018.

[18] S. Kalra, S. Goel, M. Dhawan, and S. Sharma. Zeus: Analyzing safety of smart contracts. In *Proc. of NDSS 2018*. Internet Society, 2018.

[19] I. Grishchenko, M. Maffei, and C. Schneidewind. A semantic framework for the security analysis of ethereum smart contracts. In *Proc. of POST 2018*, volume 10804 of *LNCS*, pages 243–269. Springer, 2018.

[20] I. Grishchenko, M. Maffei, and C. Schneidewind. Foundations and tools for the static analysis of ethereum smart contracts. In *Proc. of CAV 2018*, volume 10981 of *LNCS*, pages 51–78. Springer, 2018.

[21] C. Schneidewind, I. Grishchenko, M. Scherer, and M. Maffei. eThor: Practical and provably sound static analysis of ethereum smart contracts. In *Proc. of CCS 2020*, page 621–640.ACM, 2020.

[22] J. Feist, G. Grieco, and A. Groce. Slither: A static analysis framework for smart contracts. In *Proc. of WETSEB 2019*, pages 8–15. IEEE, 2019.

[23] W. Wang, J. Song, G. Xu, Y. Li, H. Wang, and C. Su. Contractward: Automated vulnerability detection models for ethereum smart contracts. *IEEE Transactions on Network Science and Engineering*, 8(2):1133–1144, 2020.

[24] Z. Gao, L. Jiang, X. Xia, D. Lo, and J. Grundy. Checking smart contracts with structural code embedding. *IEEE Transactions on Software Engineering*, pages 1–1, 2020.

[25] H. Liu, Z. Yang, Y. Jiang, W. Zhao, and J. Sun. Enabling clone detection for ethereum via smart contract birthmarks. In *Proc. of ICPC 2019*, pages 105–115. IEEE, 2019.

[26] J. He, M. Balunoviundefined, N. Ambroladze, P. Tsankov, and M. Vechev. Learning to fuzz from symbolic execution with application to smart contracts. In *Proc. of CCS 2019*, pages 531–548. ACM, 2019.

[27] H. Liu, Z. Yang, C. Liu, Y. Jiang, W. Zhao, and J. Sun. EClone: Detect semantic clones in ethereum via symbolic transaction sketch. In *Proc. of ESEC/FSE 2018*, page 900–903.ACM, 2018.

[28] Z. Tian, L. Cui, J. Liang, and S. Yu. A comprehensive survey on poisoning attacks and countermeasures in machine learning. *ACM Computing Surveys*, 55(8), 2022.

[29] N. Carlini, M. Jagielski, C. A. Choquette-Choo, D. Paleka, W. Pearce, H. Anderson, A. Terzis, K.Thomas, and F. Tramèr. Poisoning web-scale training datasets is practical. *CoRR*, abs/2302.10149, 2023.

[30] J. Li, Y. Yang, Z. Wu, V. G. V. Vydiswaran, C. Xiao. ChatGPT as an Attack Tool: Stealthy Textual Backdoor Attack via Blackbox Generative Model Trigger. https://arxiv.org/abs/2304.14475, 2023.

[31] J. Song, H. He, Z. Lv, C. Su, G. Xu, and W. Wang. An efficient vulnerability detection model for ethereum smart contracts. In *Proc. of NSS 2019*, volume 11928 of *LNCS*, pages 433–442. Springer, 2019.

[32] K. W. CHURCH. Word2vec. *Natural Language Engineering*, 23(1):155–162, 2017.

[33] Q. Le and T. Mikolov. Distributed representations of sentences and documents. In *Proc. of ICML 2014*, pages 1188–1196, 2014.

[34] S. H. Ding, B. C. Fung, and P. Charland. Asm2vec: Boosting static representation robustness for binary clone search against code obfuscation and compiler optimization. In *Proc. of IEEE S&P 2019*, pages 472–489. IEEE, 2019.

[35] S. Tikhomirov, E. Voskresenskaya, I. Ivanitskiy, R. Takhaviev, E. Marchenko, and Y. Alexandrov. Smartcheck: Static analysis of ethereum smart contracts. In *Proc. of WETSEB 2018*, pages 9–16. ACM, 2018.

[36] S. H. Ding, B. C. Fung, and P. Charland. Kam1n0: Mapreducebased assembly clone search for reverse engineering. In *Proc. of KDD 2016*, pages 461–470. Association for Computing Machinery, 2016.

[37] D. Perez and B. Livshits. Smart contract vulnerabilities: Vulnerable does not imply exploited. In Proc. of USENIX Security 21), pages 1325–1341.USENIX Association, 2021.

[38] T. Durieux, J. F. Ferreira, R. Abreu, and P. Cruz. Empirical review of automated analysis tools on 47,587 ethereum smart contracts. *Proceedings of the ACM/IEEE 42nd International Conference on Software Engineering*, 2020.

[39] R. M. Parizi, A. Dehghantanha, K.-K. R. Choo, and A. Singh. Empirical vulnerability analysis of automated smart contracts security testing on blockchains. In *Proceedings of the 28th Annual International Conference on Computer Science and Software Engineering*, page103–113. IBM Corp., 2018.

[40] Satpal Singh Kushwaha, Sandeep Joshi, Dilbag Singh, Manjit Kaur, Heung-No Lee. Ethereum Smart Contract Analysis Tools: A Systematic Review. IEEE Access. 1–1 (Early Access), 2022.

[41] B. Mueller. Smashing ethereum smart contracts for fun and real profit. In *9th HITB Security Conference*, 2018.

[42] C. F. Torres and M. Steichen. The art of the scam: Demystifying honeypots in ethereum smart contracts. In *Proc. of Usenix Security 2019*, pages 1591–1607. Usenix Association, 2019.

[43] Z. Wan, X. Xia, D. Lo, J. Chen, X. Luo, and X. Yang. Smart contract security: A practitioners' perspective. In *2021 IEEE/ACM 43rd International Conference on Software Engineering (ICSE)*, pages 1410–1422. IEEE/ACM, 2021.

[44] Phitchayaphong Tantikul. and Sudsanguan Ngamsuriyaroj. 2020. Exploring vulnerabilities in solidity smart contract. In Proc. of ICIS 2020. INSTICC. SciTePress, 317–324.

[45] Silvia Crafa and Matteo Di Pirro. Solidity 0.5: when typed does no mean type safe. arXiv preprint arXiv:1907.02952, 2019.

[46] M. Mossberg, F. Manzano, E. Hennenfent, A. Groce, G. Grieco, J. Feist, T. Brunson, and A. Dinaburg. Manticore: A userfriendly symbolic execution framework for binaries and smart contracts. *arXiv preprint arXiv:1907.03890*, 2019.

[47] L. Chang, B. Gao, H. Xiao, J. Sun, Y. Cai, and Z. Yang. scompile: Critical path identification and analysis for smart contracts. In *Proc. of ICFEM*, volume 11852 of *LNCS*, pages 286–304. Springer, 2019.

[48] A. Permenev, D. Dimitrov, P. Tsankov, D. Drachsler-Cohen, and M. Vechev. Verx: Safety verification of smart contracts. In *Proc. of IEEE S&P 2020*, pages 414–430. IEEE, 2020.

[49] G. Rosu. K-framework, 2018. https://runtimeverification.com/blog/k-framework-an-overview/.

[50] G. Rosu. Matching logic. *CoRR*, abs/1705.06312, 2017.

[51] J. Jiao, S. Kan, S.-W. Lin, D. Sanan, Y. Liu, and J. Sun. Semantic understanding of smart contracts: Executable operational semantics of solidity. In *Proc. of IEEE S&P 2020*, pages 1695–1712. IEEE, 2020.

[52] X. Chen, D. Park, and G. Roşu. A language-independent approach to smart contract verification. In T. Margaria and B. Steffen, editors, *Proc. of ISoLA 2018*, pages 405–413, Cham, 2018. Springer International Publishing.

[53] P. Qian, Z. Liu, Q. He, R. Zimmermann, and X. Wang. Towards automated reentrancy detection for smart contracts based on sequential models. *IEEE Access*, 8:19685–19695, 2020.

[54] J. Devlin, M. Chang, K. Lee, and K. Toutanova. BERT: pretraining of deep bidirectional transformers for language understanding. In *Proc. of NAACL-HLT 2019*, pages 4171–4186. Association for Computational Linguistics, 2019.

[55] X. Sun, L. Tu, J. Zhang, J. Cai, B. Li, and Y. Wang. Assbert: Active and semi-supervised bert for smart contract vulnerability detection. *Journal of Information Security and Applications*, 73:103423, 2023.

5
サイバーセキュリティへの応用

Ethereum スマートコントラクトは近年ではサイバーセキュリティに向けたアプリケーションの構築にも利用されています。本章では Ethereum スマートコントラクトのサイバーセキュリティへの応用例について紹介します。まず初めに触れておくと、本章で述べる技術は決して Ethereum スマートコントラクトがないと構築できないようなものではありません。むしろほとんどの技術は Ethereum スマートコントラクトがないまま実現されていたものです。ただ、Ethereum スマートコントラクトがあると「簡単に実現できる」ようになるものもあります。この「簡単に実現できる」という観点が非常に重要で、ブロックチェーンの可能性を感じさせるところです。なお、本章では以降、Ethereum スマートコントラクトを単にスマートコントラクトと記載します。

5－1　ブロックチェーンの応用技術

スマートコントラクトの利用は、取引の非中央集権化、支払い機能の自動化、公開した取引データの不変性、セキュリティとプライバシー、取引の透明性など様々な利点を提供することができます [1]。例えばスマートコントラクトは Internet of Things（IoT）、クラウドストレージ、ヘルスケア、電子投票やディジタルコンテンツの著作権管理など、多数の応用が注目されています。まず、これらについて紹介します。

5－1－1　IoT

まず IoT 機器に対しては、機器間でデータの通信および共有を円滑に行うために利用されます [2]。機器が生成するデータのセキュリティとプライバシーは保護されていなければいけません。スマートコントラクトを使うことで、車やセンサなど計算機資源が限られたデバイスに対して柔軟にデータ収集や決済機能の提供、IoT 機器自体へのアクセス制御など様々な機能を提供できるようになります。例えば、スマートホームなどで宅内に設置された IoT 機器内の全データをブロックチェーンに保存・呼び出すことで、サービス機能の改善や自動集金が可能となります [3]。IoT は様々なプラットホームやハードウェアに基づいていますが、ブロックチェーンの分散管理できる点はこれらの機種の多様性と相性が良いと考えられています。ブロックチェーンではマイニングが負荷の重い処理として知られていますが、これはマイニング処理を必要としないハイパーリッジャ (Hyperledger) の導入や、処理負荷が軽微なプルーフ・オブ・ステーク (Proof-of-Stake, PoS) の導入で回避することが一般的です。

IoT に対して設計された技術としては Watson IoT プラットホーム[1] があります。このプラットホームは Hyperledger Fabric で実装されており、各 IoT 機器は Watson IoT プラットホームにスマートコントラ

[1] https://www.ibm.com/docs/en/wip-bs?topic=SSCG66/iot-blockchain/kc_welcome.htm

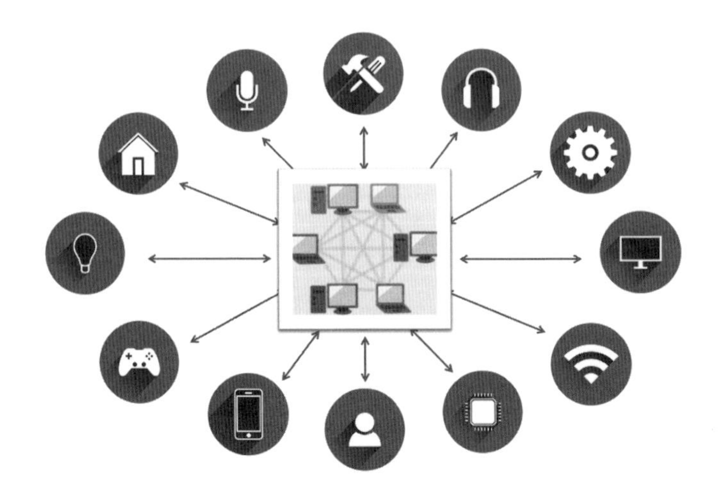

図 5-1　IoT への応用

クトのトランザクションとしてデータを送信する機能を提供しています。直観的にはブロックチェーンを通じて IoT を一元管理することが可能です。元々のプラットホームが異なる IoT 機器同士を、ブロックチェーンを間に挟むことで管理を実現できる点が、IoT への応用における利点になります。

5－1－2　クラウドストレージ

Dropbox や Google Drive、iCloud のような従来のストレージサービスはあらゆるデバイスから接続しデータ共有できる点で便利な一方、ネットワーク障害が発生した際にデータが利用できないなどの懸念があります。このとき、ブロックチェーンを利用することで、ストレージの分散化およびそのストレージへのデータの保存と取得をより便利に行えるようになります。これにより、障害への耐性向上が期待できるようになります。つまり、ブロックチェーンを通じてストレージサービスの安全性や可用性を改善することが可能です [3]。

実際のサービスとして例えば Filecoin[2]などがあります。これは暗号通貨を支払うことで利用できるストレージサービスで、P2P ネットワークに参加しているマイナーが自身の空いているストレージを他のユーザに提供する技術です。このとき、マイナーは自分でストレージの価格を設定することが可能です。ユーザはお金を払ってマイナーのストレージを利用するというビジネスモデルを実現している、興味深い技術と言えます。

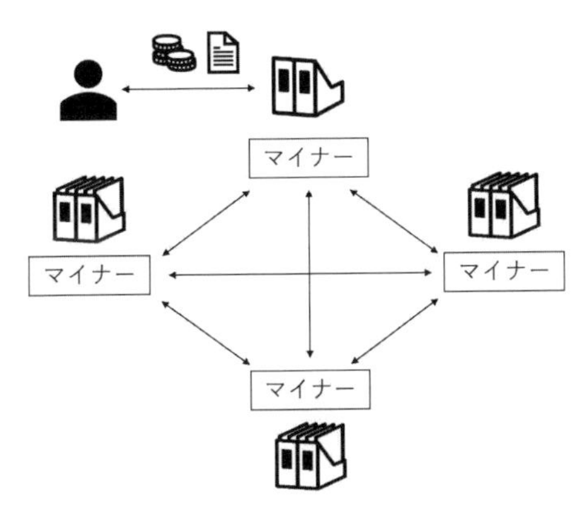

図 5-2　Filecoin の仕組み

5－1－3　ヘルスケアサービス

ヘルスケアサービスの利用においてもスマートコントラクトは有益です。一般にヘルスケアサービスにはプライバシー保護への懸念や、機器・サービス間の相互運用、データの整合性などの問題があります。ブロックチェーンを利用することで、ヘルスケアデータをブロックチェー

[2] https://filecoin.io/

ン上に保存することができるようになります。このとき、データへのアクセス権は正当な権利を持つ利用者に制限されるとともに、従来のシステムよりも柔軟なデータ共用などが行えるようになります[4][5]。

5－1－4 電子投票

従来の紙媒体を用いる物理的な投票システムでは投票内容ののぞき見や、無効票の投票など、多くの問題が起こりえます。これに対し、有権者のデータをデジタルデータで蓄積、管理する電子投票が注目されています。電子投票の利点は、選挙結果の判明が迅速かつ正確であること、疑問票や無効票がなく有権者の意思を正確に反映できることなどが挙げられます。しかし、電子投票では信頼できる第三者機関が必要でした。これは投票を集計する際に、その結果を不正に操作される可能性を防ぐためです。これに対し、ブロックチェーンを用いることで、投票者の情報及び投票内容を安全に保存することができるようになります。例えば、投票ごとにブロックを生成しておくと、集計時には該当するブロックを順に確認することで、集計結果が改ざんされていないことが分かるようになります。また、ブロックチェーンの検証を通じて、各候補者に対する投票内容を検証することも可能です。このため、電子投票へのブロックチェーンの応用も広く研究されています[6]。

わが国ではブロックチェーンとマイナンバーカードによる国内初の電子投票が、2018年からつくば市で実証実験として実施されました[7]。マイナンバーカードは投票者を確認するために利用されます。つくば市の電子投票は、あらかじめ用意した投票所内の端末で投票する形式でしたが、将来的には自宅や出先からの電子投票が期待されています。実際の投票では、誰がどの候補者に投票したかの秘匿性も必要となりますが、これは投票データを暗号化してブロックチェーンに保存すること、あるいは、匿名性を持つブロックチェーンを用いることで実現が可能です。

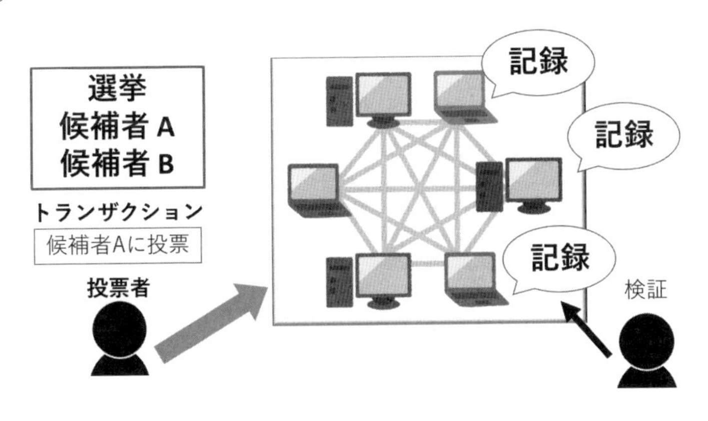

図 5-3　電子投票

5－1－5　コンテンツ取引

ディジタルコンテンツではコンテンツの複製や偽造への対策が必要になります。ブロックチェーンを使うことで、コンテンツの所有者と消費者両方の観点からコンテンツの正しさを保証することが可能となります。まず、所有者においてはコンテンツが売買・共有されるときの条件を設定でき、再配布や非合法な利用を防ぐことが可能です。また、消費者の観点からは、コンテンツが正当な手続きで購入したものであることが保証されます。加えて、特許や知的財産などの電子文書もブロックチェーン上に保存することで、正当な権利の所有者だけがその所有権を明らかにできるようになります。これにより海賊版など権利の侵害を防ぐことが期待できます。近年ではサプライチェーンの保護にも利用が検討されています [8]。

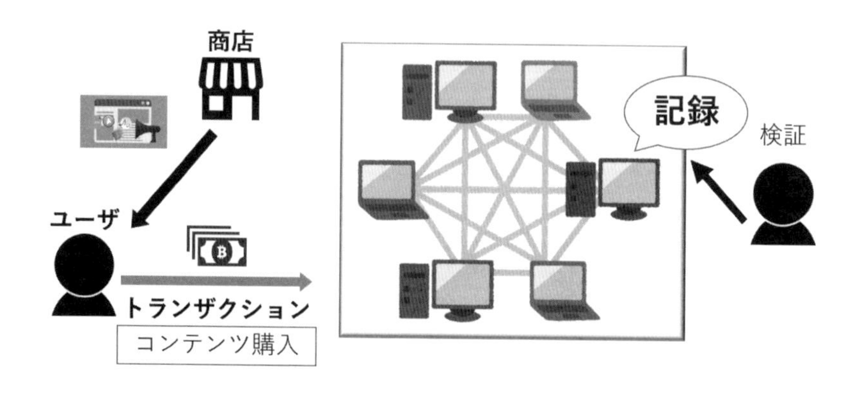

図 5-4　コンテンツ取引

5－2　ネットワークセキュリティへの応用

ネットワークセキュリティ技術においてもブロックチェーンの利用は注目されています。本節ではその例として、電子証明書への応用やネットワークプロトコル設計への応用について紹介します。

5－2－1　電子証明書の分散管理

電子証明書は文字通り、電子的に作成された証明書です。最も一般的な電子証明書の利用用途は、公開鍵暗号における公開鍵とその所有者を紐づける鍵管理であり、それを具体化する技術として公開鍵管理基盤 (Public Key Infrastructure, PKI) があります。PKI の運用は階層化されている一方、本質的には全ての権限を管理できる機関が存在する中央集権となっています。この PKI による鍵管理において、その機能を分散化する役割としてブロックチェーンが注目されています [9]。以下に、ブロックチェーンを PKI に用いることについて、その利点と大まかな構成を紹介します。

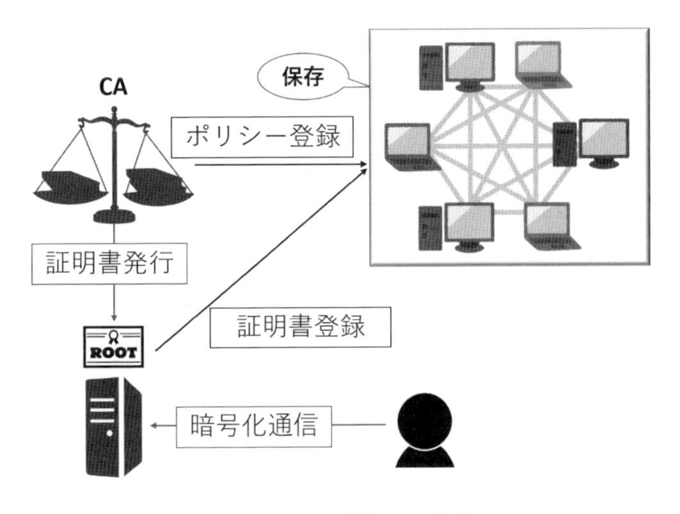

図 5-5　電子証明書の分散管理

そもそもブロックチェーンを用いる理由は大きく2点あります。まずPKI の機能を分散化できることです。PKI は公開鍵暗号やディジタル署名を利用する際に、ユーザへの紐づけを含む公開鍵の正しさを保証する技術です。一般にPKI は認証局と呼ばれる、特権を持つ組織がそのポリシに則って証明書を発行します。つまり、PKI は認証局に依存する前提となっており、認証局において端末の不具合などなにか問題が生じたときにその機能が失われかねないという問題があります。これに対してブロックチェーンを用いることで、ブロックチェーンネットワーク上に存在するノードを通じて認証局の機能を分散化することが可能です。このため、何らかの障害が起きたとしても、ブロックチェーンネットワークを通じて認証局の機能を安定して提供するようになります。

第2に、認証局及び関連する機能を提供することに対して明確な利益が与えられることです。システムを分散化できる利点は上述しましたが、一般にはシステムを分散化した際、その分散化された機能を提供する端末数に応じて管理コストが増加します。このため、認証局においても、分散化に見合ったは利益を挙げることが求められるわけです。ブロックチェーンを導入することで、分散化された機能を提供する各端末は、利益を享受しやすくなります。例えばEthereum スマートコントラクトを用いて認証局の機能を分散化した場合、ブロックチェーンネットワーク上のノードはコントラクトの実行を通じて得られる利益により、認証局の機能を提供する利益を得ることが可能です。

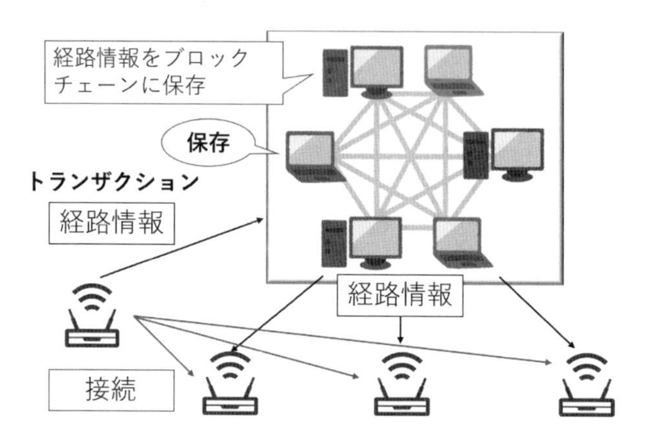

図 5-6　ネットワークプロトコルの分散処理

5－2－2　ネットワークプロトコルの分散処理

世の中にある機器が通信を行う際は、各機器間での通信方法を規定しているネットワークプロトコルとして、各機器間の接続経路を設定するルーティングプロトコルを利用しています。ルーティングプロトコルは接続経路の改ざんに弱いことが知られており、その対策を講じる必要があります [10]。具体的な対策案として、ディジタル署名を導入するプロトコルが研究されてきました [11]。このディジタル署名の導入に対して、ブロックチェーンの導入が注目されています[12][13]。ルーティングプロトコルにブロックチェーンを用いる理由は2点です。これらの直観は前節で紹介した電子証明書の分散管理にも近いです。

まずディジタル署名を利用するうえで一般には必要となるPKIが、不要になることです。前述したとおり、PKIでは認証局が必要となりますが、これは認証局により中央管理されていることが制約として挙げられます。とくにその場にある機器だけから動的にネットワークを構築するような状況では、これらの制約が大きな問題となることもあり得ます[14]。例えばIoTなどでの利用においては、それぞれ独立に設計された製品が必ずしも同じ認証局を利用されているとは限りません[12]。これに対してブロックチェーンは、認証局の代わりに用いることが可能です。例えばEthereumスマートコントラクトを用いると、Ethereumそのものが認証局の代わりになります。このため、PKIがいらない状態でプロトコルが利用できることになります。

第2に、ルーティングを行う機器に対して、明確な利益を与えられる点です。一部のルーティングプロトコルでは、各機器がルーティングの処理にどれだけ貢献したか評価する手法が採用されています[15][16]。これらの手法では、ルーティングの機能を提供するノードに報酬を与えるようになっており、また、経路はその評判に基づいて決定されます。一般に、公正な評価をするうえで、そのネットワーク内のノードのふるまいを監視するか、あるいは、信頼できる第三者機関による評価が必要になります。しかし、ネットワーク内のリソースが限られる状況や、そもそも評価が改ざんされる可能性なども考えると、これらの手法が必ずしも有効とは限りません[17]。これに対し、ブロックチェーンは公開検証可能な評価をもたらすことが可能です。例えばブロックチェーンに評価を書きこむことで改ざん耐性を得ることができますし、ブロックチェーンネットワーク内のノードを利用することでリソースも代替することが可能です。

以上の理由から、とくに IoT 機器などリソースの限られた機器で動的にネットワークを構築するためのルーティングとしてブロックチェーンの利用が注目されています [18][19][20]。

5－3　アクセス制御技術の構築

ブロックチェーンがネットワーク技術の基本的な機能を改善できることはここまでに述べてきました。これらに加えてブロックチェーンを用いることで従来のセキュリティ技術もより簡単に作ることができるようになります。著者の関連成果として、スマートコントラクトを用いた役割ベースアクセス制御 (RBAC-SC)[21] について紹介します。

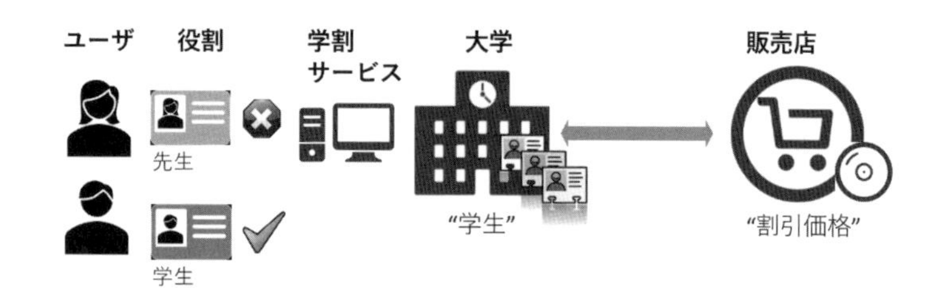

図 5-7　役割ベースアクセス制御の流れ

5－3－1　役割ベースアクセス制御

役割ベースアクセス制御 (role-based access control, RBAC) の問題設定 [22] をまず紹介します。ここからは問題設定を詳細に説明すべく、数式を交えながら説明します。アクセス構造は 3 つの参加者集合、すなわち、ユーザ集合 U、役割集合 R、サービス集合 S とその集合の間で成り立つ2つの関係、すなわち、ユーザと役割の割り当て $UA \subset U \times R$ と役割とサービスの割り当て $SA \subset R \times S$ で定義されます。ここで、$\subseteq$ は、右側に書いてある集合に対し、左側に書いてある集合が、その部分集合であることを意味します。また、$\times$ は集合同士を組み合わせた積集合を意味します。つまり、$UA \subset U \times R$ とは、ユーザと役割の割り当て UA は、ユーザ集合 U と役割集合 R からそれぞれ要素を1つずつ選んだような組み合わせとして定義されていることになります。同様に、SA は役割集合とサービス集合からそれぞれ1つずつ要素を選んだ組になることを意味しています。このとき、$(u, r) \in UA$ かつ $(r, s) \in SA$ である役割 r が存在する場合に限り、ユーザ u はサービス s にアクセスできるものとします。直観的には、役割 r を通じて、あるユーザ u が何らかのサービス s を利用できることを保証していることを意味します。ユーザ u に割り当てられた役割 r は、組織を超えてサービス s にアクセスするために使用されます。サービス s の提供者は、未知のユーザに s へのアクセスを与えるべきか判断するために、自分が発行した役割 r について、役割 r の提供者に問い合わせすることが可能です。

上述した役割ベースアクセス制御の問題設定において、役割の提供者は、サービスの提供者について常にアクセスを認めるとは限りません。つまり、サービスの提供者は、役割の提供者が持つユーザ u あるいは役割 r の情報を持たないことがあり得ます。そのため、サービスの提供者は、未知のユーザがある役割 r を正当に所有しているか別の手段で確認しなければなりません。次節では、上述した枠組みにさらに組織集合を導入することで、役割ベースアクセス制御の問題設定を組織横断型役割ベースアクセス制御 (trans-organizational role-based access control, TO-RBAC) に拡張します。これはより複雑な問題設定になりますが、ブロックチェーンを用いることで容易に実現が可能です。

5－3－2　組織横断型役割ベースアクセス制御

組織横断型役割ベースアクセス制御は、前節で述べた役割ベースアクセス制御に対し、組織集合 O をさらに定義します。このとき、役割集合 R はさらなる部分集合に分割され、それらの部分集合は組織集合 O の要素に紐づけられます。すなわち、ある複数の組織 $o_1, \cdots, o_n \in O$ について、$R = R_{O_1} \bigcup \cdots \bigcup R_{O_n}$ となります。この $R = R_{O_1} \bigcup \cdots \bigcup R_{O_n}$ は、組織ごとに様々な役割が定義されていることを意味します。このとき、互いに異なる任意の添え字 i, j において, $R_{o_i} \bigcap R_{o_j} = \emptyset$ とします。つまり、各組織が持つ役割は互いに重複がないものとします。また、各組織 O_i が持つ役割 $r \in R_{o_i}$ を便宜上 $o_i.r$ と表記します。同様に、ユーザと役割の割り当て UA も互いに疎となる（重複がない）部分集合 $UA = UA_{o_1} \bigcup \cdots \bigcup UA_{o_n}$ に分割されます。このとき、$UA_{o_i} \subseteq U \times R_{o_i}$ とすることで、役割 $o_i.r \in R_{o_i}$ は、役割 $o_i.r$ そのもの及びその役割へのユーザの割り当てが組織 o_i によって管理されることを表します。

組織横断型役割ベースアクセス制御において、ユーザ $u \in U$ はサービス $s \in S$ へのアクセス要求を、組織 $o_i \in O$ によって発行された役割 $o_i.r \in R_{o_i}$ を提示することで行います。このとき、$(u, o_i.r) \in UA_{o_i}$ かつ $(o_i.r, s) \in SA$ である役割 $o_i.r$ が存在する場合に限り、組織 o_i はユーザ u によるサービス s へのアクセスを認めるものとします。このとき、組織 O_i は自身が役割とサービスの割り当て SA を定義していることから、$(o_i.r, s) \in SA$ であることの確認が容易に行えます。

上述した設定において、組織横断型役割ベースアクセス制御は以下の要件を満たすことが求められます。

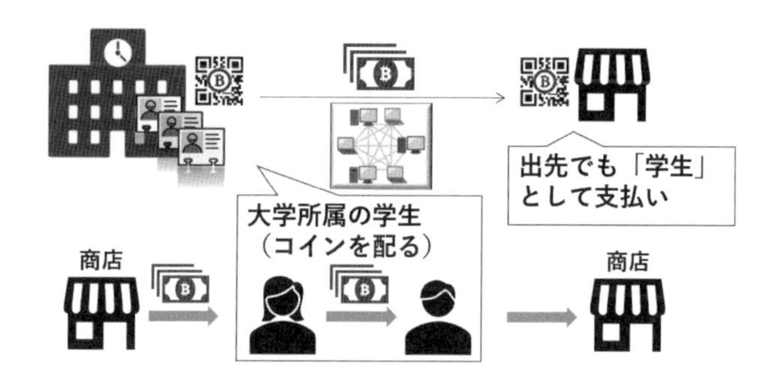

図 5-8　組織横断役割ベースアクセス制御の流れ

1. 発行：役割 r を発行する組織 o は、役割 r と必要に応じて有効期限などその他の関連情報をユーザ u に発行できる必要があります。
2. 管理：役割 r を管理する組織 o は、必要に応じて透明性をもってその情報を管理し、変更できる必要があります。
3. 失効：役割 r を発行した組織 o は、必要に応じてユーザ u に発行した役割 r を失効できる必要があります。
4. 推薦：ユーザ u は他のユーザ u' を推薦できる必要があります。
5. 検証：ユーザ u と役割 r の割り当てを検証できる必要があります。
6. 透明性：役割ベースアクセス制御において実行された機能は全て記録され、任意の参加者（すなわち、ユーザ、役割、組織、サービス）においてこれらの情報を確認することができます。
7. 制限：各参加者はその参加者において指定された機能のみを実行でき、他の参加者の代理やその機能を実行することはできません。

上述した要件に対し、安全性の条件を以下に述べます。攻撃者は組織あるいはユーザとしてふるまうことができ、任意の役割とその関連する情報を発行、管理、執行することができるものとします。ユーザとしてふるまう場合、攻撃者の目的は自分の役割を偽装することになります。つまり、攻撃者は自分が所有していない役割を主張し、その所有権を証明しようとします。このとき、攻撃者は標準的な暗号技術の安全性を破ることができないものと仮定します。具体的には、ハッシュ関数の衝突を発見、あるいは、ディジタル署名を偽造することはできないものと仮定します。関連して、攻撃者はシステム内において参加者の秘密鍵を得ることは（その参加者が攻撃者に故意に漏らす場合を除き）できないものとします。以上の安全性において、組織横断型役割ベースアクセス制御を設計します。

実は上述した組織横断型役割ベースアクセス制御は、従来の電子証明書を用いた公開鍵管理基盤でも実現が可能です。大まかには、各組織 O_i が役割 $r \in R_{o_i}$ を持つ電子証明書を発行することで、各組織が持つサービスへアクセスできることを保証できるようになるわけです。しかし、ユーザ数が5000人規模のサービスなどでは、例えば20万ドルも毎年費用が掛かります [23]。このためサービス展開するための費用が大きくかかりますし、この費用はユーザ数やサービス機能が複雑になるにつれ、さらに肥大化します。一方、スマートコントラクトを用いた場合、その費用を大幅に削減することが可能です。

5－3－3　具体的構成

組織横断型役割ベースアクセス制御については、従来の暗号技術などで構成しようとした場合、複雑になります。これに対して、スマートコントラクトを用いることで、組織横断型役割ベースアクセス制御も簡単に実現できるようになります。以下ではスマートコントラクトを用いた役割ベースアクセス制御 (RBAC-SC)[21] の構成について、紹介します。これはスマートコントラクトとチャレンジレスポンス認証の2つを要素技術として用いることで構成されます。

スマートコントラクトは3章でも述べたとおり、ブロックチェーンを通じて提供されるプログラミングプラットホームです。スマートコントラクトはユーザと役割の割り当てを実行するために使われ、また、その結果はブロックチェーンに記録されます。スマートコントラクトを通じてRBAC-SCには以下の機能がもたらされます。まず、組織o_iが役割$o_i.r$をユーザuに対して発行できること、また、これらの役割および関連する情報を管理することができます。加えて、ユーザuに対して発行した役割$o_i.r$を失効すること、また、ユーザuに対して他のユーザu'を推薦することも可能になります。一方、チャレンジレスポンス認証はユーザごとの役割の認証とその割り当てを検証する処理として導入されます。チャレンジレスポンス認証は (1) ユーザに対する役割の宣言、(2) 宣言に関連する情報の確認、(3) ユーザへのチャレンジ生成、(4) チャレンジに対するユーザのレスポンス生成、 (5) ユーザからのレスポンスの検証から構成されます。チャレンジレスポンス認証は、互いに異なる組織の相互干渉を避けるために利用されます。

それぞれの詳細は後述しますが、全体像を図 5-9のようになります。以降では初期設定および各要素技術の構成について述べていきます。

(a) 初期設定

まずRBAC-SCでは初期化処理として、組織o_1は秘密鍵とその対応する公開鍵としてEOAを生成します。これらの鍵はスマートコントラクトをデプロイするために利用されます。これらの鍵を$o_1.EPK$および$o_1.EOA$とそれぞれ表記します。o_1は組織横断型役割ベースアクセス制御の機能を提供するスマートコントラクトSCを、Ethereum ブロックチェーンで作成・デプロイし、そのアドレス$SC.EA$を取得します。これにより、スマートコントラクト SC の詳細は $SC.EA$ から確認が可能となります。また、組織横断型役割ベースアクセス制御のインターフェース（SC.Interface と表記）についても、デプロイの際に作成する JavaScript Object Notation (JSON) から定義されます。o_1 は $o_1.EPK, o_1.EOA$ および SC.Interface を公開します。これらの情報公開は、公開鍵 $o_1.EOA$、スマートコントラクトのアドレス $SC.EA$ が組織 o_1 に管理されたものであることを保証します。同様に、ユーザ u も秘密鍵とその対応する公開鍵として EOA を生成します。これらの鍵を $u.EPK$ および $u.EOA$ とそれぞれ表記します。

（b）RBAC-SC のスマートコントラクト

以降では RBAC-SC で導入される各関数について紹介します。RBAC-SC のスマートコントラクト SC は以下に述べる関数から定義されます。なお、これらの関数実装は GitHub 上に公開されています
（`https://github.com/jpmcruz/RBAC-SC`）。

ユーザ追加関数 addUser　この関数はスマートコントラクトの所有者のみ実行可能な関数で、ユーザ u の公開鍵 $u.EOA$、役割 $u.r$、および補足情報 $u.note$ を入力にとります。ここで、補足情報とは例えば有効期限やユーザ個人に関する情報など、任意の情報を含める想定です。この関数の出力では、与えられた入力そのものを、スマートコントラクトが実行された時間を表すタイムスタンプを付与して返します。また、その際にスマートコントラクトにそれらの出力を書き込むことで、スマートコントラクト自体を更新します。

ユーザ除去関数 removeUser　この関数はスマートコントラクトの所有者のみ実行可能な関数で、ユーザ u の公開鍵 $u.EOA$ を入力にと

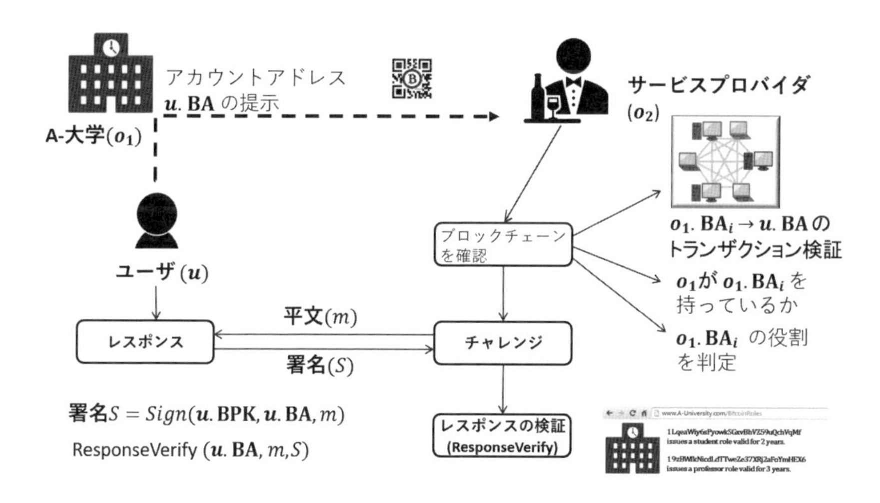

図 5-9　RBAC-SC の全体像

ります。機能は名前の通りスマートコントラクトからユーザ u を除去することと、関連して、その役割 $u.r$ を失効させます。また、この関数の出力ではスマートコントラクトが実行された時間を表すタイムスタンプを付与してその出力を書き込むことで、スマートコントラクト自体を更新します。

推薦追加関数 addEndorsee　この関数はユーザ追加関数によりスマートコントラクトに追加されたユーザの実行可能な関数で、他のユーザ eu を推薦するために利用されます。入力は被推薦ユーザ eu の公開鍵 $eu.EOA$ 及び補足情報 $eu.notes$ を入力にとります。補足情報は、ユーザ追加関数同様、有効期限やユーザ個人に関する情報など任意の情報を含める想定です。この関数の出力では、与えられた入力そのものと推薦者の公開鍵 $u.EOA$ に、スマートコントラクトが実行された時間を表すタイムスタンプを付与して返します。また、その際にスマートコントラクトにそれらの出力を書き込むことで、スマートコントラクト自体を更新します。

推薦除去関数 removeEndorsee　この関数はユーザ追加関数によりスマートコントラクトに追加されたユーザの実行可能な関数で、被推薦ユーザ eu の公開鍵 $eu.EOA$ を入力にとります。機能は被推薦ユーザ eu への推薦を取り消すことであり、元の推薦ユーザ u だけがこの機能を実行できます。また、この関数の出力ではスマートコントラクトが実行された時間を表すタイムスタンプを付与してその出力を書き込むことで、スマートコントラクト自体を更新します。

ステータス更新関数 changeStatus　この関数はスマートコントラクトの所有者のみ実行可能な関数で、RBAS-SC のスマートコントラクトを停止させるために使われます。スマートコントラクトは一度ブロックチェーンにデプロイされると永続的に残り続けるため、必要に応じて停止させる関数を設けています。

(c) チャレンジレスポンス認証

チャレンジレスポンス認証はユーザ u が何らかのサービスを利用したいときに、そのサービスを提供する組織 o_1 に対して、サービス利用のための役割を発行してもらうために利用されます。前述したとおり、RBAC-SC でのチャレンジレスポンス認証は (1) ユーザに対する役割の宣言、(2) 宣言に関連する情報の確認、(3) ユーザへのチャレンジ生成、(4) チャレンジに対するユーザのレスポンス生成、(5) ユーザからのレスポンスの検証から構成されます。以降ではこのチャレンジレスポンス認証について詳細を説明します。

まず (1) ユーザに対する役割の宣言について、ユーザ u は、役割 r を

発行する組織 o_2 から役割を発行された公開鍵 $u.EOA$ を所有していることを公開します。ここで、役割 r は、別の o_1 が提供するサービスに対応するものとします。

次に (2) 宣言に関連する情報の確認では、ユーザ u の宣言にあわせて、組織 o_1 は o_2 から役割を発行された公開鍵 $u.EOA$ について確認を行います。まず $u.EOA$ については、o_1 は元の発行組織である o_2 が所有する $o_2.EOA$，$SC.EA$、および、SC.Interface が公開されたメディアから確認します。これらのデータを用いて、o_1 はスマートコントラクトにアクセスし、ユーザ追加関数を通じて入力されている $u.r$，$u.notes$ など $u.EOA$ に関連する情報を確認します。スマートコントラクト上のデータから、o_1 は $u.EOA$ に関連する役割 $u.r$ やその他の関連情報が、o_2 によって確かに $u.EOA$ の所有者である u に割り当てられたものであることが確認できます。これにより、サービス提供組織である o_1 は u に対して、$u.EOA$ の真の所有者であるかどうかを確認するためのチャレンジ生成を行う用意を進めます。

(3) ユーザへのチャレンジ生成からが、本格的なチャレンジレスポンス認証の処理になります。まずサービス提供組織である o_1 はチャレンジとして任意のデータ m を用意し、ユーザ u に m に署名するよう要求します。その要求をうけて、(4) チャレンジに対するユーザのレスポンス生成として、ユーザ u は m と $u.EOA$ に対して、自らの秘密鍵 $u.EPK$ を用いて署名します。この署名処理には 2 で述べたディジタル署名の署名生成関数を用います。その署名 σ を組織 o_1 に返します。

最後に、(5) ユーザからのレスポンスの検証として、o_1 はディジタル署名の署名検証関数を用います。署名検証関数の入力は、公開鍵 $u.EOA$、データ m、署名 σ です。署名検証関数により正しい署名であると判断されたなら、o_1 は u にサービスの提供を保証します。

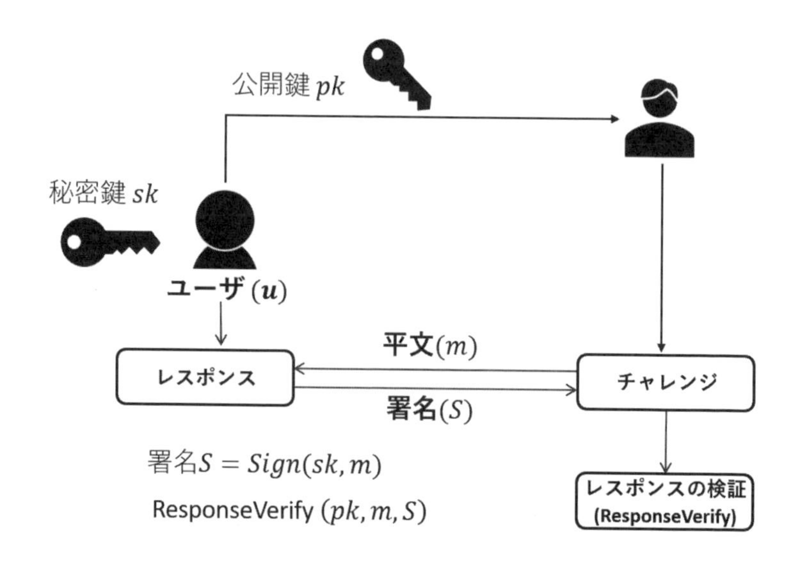

図 5-10　チャレンジレスポンス認証

（d）動作原理の説明

さて、RBAC-SC について、なぜここまで述べたスマートコントラクトとチャレンジレスポンス認証で構成したのか、その理由について説明します。結論としては、これらの構成により、組織横断型役割ベースアクセス制御の要件を達成できるからです。それぞれどのように要件を達成しているのか、以下に説明します。

1. 発行：ユーザ u の鍵はスマートコントラクトを通じて $u.EPK, u.EOA$ として発行されます。また、この鍵はユーザ追加関数により、役割 $u.r$ と必要に応じて有効期限などを記載した $u.notes$ として、スマートコントラクトに紐づけることが可能です。これにより、ユーザ u の情報を柔軟に発行できることが保証されます。
2. 管理：役割 r を管理する組織 o は、ユーザ追加関数により、各ユーザの情報をスマートコントラクトに追加できます。同様に、各推薦についても推薦追加関数により更新が可能です。また、これらの情報はブロックチェーンに記録されているため、各情報の確認も公開的に可能です。

3. 失効：役割rを発行した組織oが、ユーザ除去関数を実行することで、ユーザuに発行した役割rを失効できます。
4. 推薦：組織o_1によって追加されたユーザu_1が、他のユーザu_2をo_1に推薦する状況を考えます。このとき、u_1は推薦追加関数を実行することで、u_2の推薦が可能です。また、u_2は$u_2.EOA$をo_1のもとへ出向いて公開します。このとき、o_1はu_2にチャレンジレスポンス認証を行うことで、u_2が確かにその秘密鍵$u_2.EPK$を持っていることを確認します。これにより、推薦機能は保証されます。
5. 検証：ユーザuとその役割$u.r$の割り当ては、チャレンジレスポンス認証を通じて保証されます。
6. 透明性：役割ベースアクセス制御において実行された機能は全てスマートコントラクトを通じてブロックチェーンに記録されます。これらの情報は、ブロックチェーンを通じてだれにでも確認ができることから、透明性は保証されます。
7. 制限：スマートコントラクトでは関数内に修飾子を設けることで、その利用者を制限することが可能です。具体的には、`onlyOwner`修飾子はコントラクトの作成者のみが実行できることを保証します。このような修飾子をそれぞれの関数にあらかじめつけておくことで、デプロイされたコントラクトにおいては、その実行を制限できるようになります。なお、推薦追加関数および推薦除去関数については`onlyUser`修飾子がつけられます。

(e) 実行例

RBAC-SC の実行例について紹介します。なお、以下の例は Remix-IDE バージョン 0.32.0[3]での実行例です。なお、Remix-IDE の実行については 3 章を参考にしてみてください。また、インターフェースや出力画面はツールやバージョンによっても異なることに、注意してください。

まず RBAC-SC の GitHub リポジトリ（https://github.com/jpmcruz/RBAC-SC）からコードを取得します。メインのコードは RBACSC.sol です[4]。このコードは OpenZeppelin のライブラリを使用しています。OpenZeppelin は、4 章でも述べたとおり、セキュアなスマートコントラクトを作るためのライブラリを提供しており、多くの開発者によって利用されています。さて、RBACSC.sol ですが、コード全体の説明は分量が多いため割愛しますが、とくに重要な観点として、addUSER 関数を例に説明します。addUSER 関数をコード 5.1 に示します。

コード 5.1　ユーザ追加関数のコード

```
1   function addUser(address _userAddress, string memory _userRole, s
        tring memory _userNotes) public onlyOwner contractActive {
2
3       block.timestamp);
4
5       require(usersAll[_userAddress].userSince == 0, "User already
            exists");
6       usersAll[_userAddress] = UserStruct(
7           {
8               userRole: _userRole,
9               userNotes: _userNotes,
10              userSince: block.timestamp,
11              userIndex: indexUser
12          });
13      userAccounts.push(_userAddress);
```

[3] https://remix.ethereum.org/
[4] https://github.com/jpmcruz/RBAC-SC/blob/master/RBACSC.sol

```
14          indexUser++;
15          grantRole(USER_ROLE, _userAddress);
16      }
```

このうち、1行目に注目しましょう。onlyOwner修飾子がこの関数に対して付いています。これがRBAC-SCの各関数に関して、重要な機能を果たします。実際に、RBACSCの出力を見ていきましょう。

まずRBACSC.solを実行すると、図5-11のような画面が表示されます。画面左側に表示されているボタンは、RBAC-SCのスマートコントラクトとして紹介した各関数を含んでいます（それ以外の関数も一部含まれていますが、それは無視してください）。

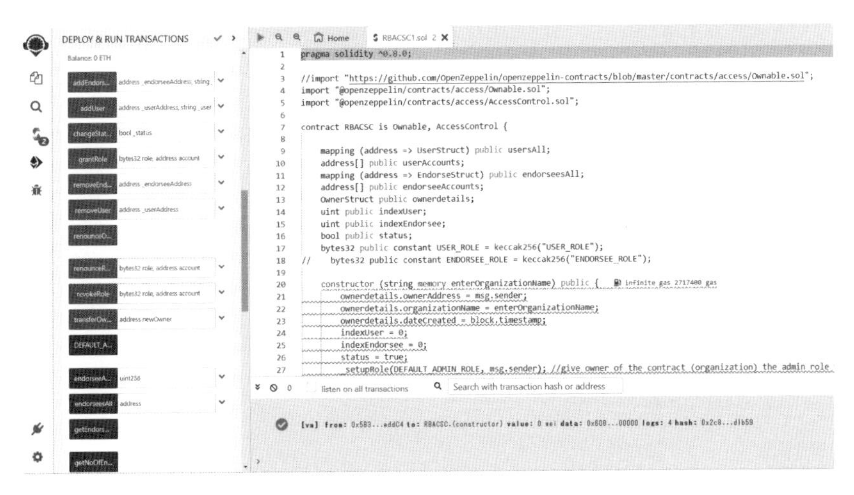

図5-11　RBAC-SCの実行画面

このうち、addUser関数、removeUser関数に対して、追加あるいは削除したいユーザのアドレスをそれぞれ入力すると、スマートコントラクトにそのユーザが追加されます。実際に、ユーザアドレスを入力してみましょう。結果として、以下のコード5.2に示す結果が得られると思います。なお、これらのアドレスはRemix-IDEのテスト用として作成されたアドレスになりますので、実際に試す場合は自分の環境で適宜読み替えてください。

コード 5.2 ユーザ追加関数の実行結果

```
1  status  true Transaction mined and execution succeed
2  transaction hash  0x00f52312c496b0818c5fabf5f37527d657e02f2c97352fc6
       bc4683f0a4b92668
3  from  0x5B38Da6a701c568545dCfcB03FcB875f56beddC4
4  to  RBACSC.addUser(address,string,string) 0xd9145CCE52D386f254917
       e481eB44e9943F39138
5  gas 161565 gas
6  transaction cost  140491 gas
7  execution cost  118523 gas
8  input 0xd75...00000
9  decoded input {
10   "address _userAddress": "0xAb8483F64d9C6d1EcF9b849Ae677dD3315835c
         b2",
11   "string _userRole": "",
12   "string _userNotes": ""
13 }
14 decoded output  {}
15 logs  [
16   {
17     "from": "0xd9145CCE52D386f254917e481eB44e9943F39138",
18     "topic": "0x2f8788117e7eff1d82e926ec794901d17c78024
           a50270940304540a733656f0d",
19     "event": "RoleGranted",
20     "args": {
21       "0": "0x14823911f2da1b49f045a0929a60b8c1f2a7fc8c06c7284ca3e8a
             b4e193a08c8",
22       "1": "0xAb8483F64d9C6d1EcF9b849Ae677dD3315835cb2",
23       "2": "0x5B38Da6a701c568545dCfcB03FcB875f56beddC4",
24       "role": "0x14823911f2da1b49f045a0929a60b8c1f2a7fc8c06c7284ca3
             e8ab4e193a08c8",
25       "account": "0xAb8483F64d9C6d1EcF9b849Ae677dD3315835cb2",
26       "sender": "0x5B38Da6a701c568545dCfcB03FcB875f56beddC4"
27     }
28   }
29 ]
30 val 0 wei
```

この例では3行目

"0x5B38Da6a701c568545dCfcB03FcB875f56beddC4"

のアドレスで示されるユーザが、コントラクトをデプロイしたコントラクト自体の所有者になっています。このコントラクトの所有者が4行目

addUser関数を通じて
"0xd9145CCE52D386f254917e481eB44e9943F39138"
のアドレスで示されるユーザを追加した結果を表しています。これによりユーザが実際に追加されたことが分かります。

では、ここで"0x617F2E2fD72FD9D5503197092aC168c91465E7f2"のアドレスで示されるユーザが、このデプロイされたコントラクトの実行を試みたとします。なお、ここで追加されるユーザは
0xd9145CCE52D386f254917e481eB44e9943F39138
とします。いずれのアドレスもひとつ前の実行例では登場していないものになります。このとき、実行結果は以下のようになります。

コード 5.3　ユーザ追加関数の実行失敗例

```
1  status  false Transaction mined but execution failed
2  transaction hash  0x58d0d1238c9bf4b78fbbf403797203c5039697aed9cf4897
       d908bd88caf72640
3  from  0x617F2E2fD72FD9D5503197092aC168c91465E7f2
4  to  RBACSC.addUser(address,string,string) 0xd9145CCE52D386f254917
       e481eB44e9943F39138
5  gas 3000000 gas
6  transaction cost  26422 gas
7  execution cost  4454 gas
8  input 0xd75...00000
9  decoded input {
10   "address _userAddress": "0x4B20993Bc481177ec7E8f571ceCaE8A9e22C02d
        b",
11   "string _userRole": "",
12   "string _userNotes": ""
13 }
14 decoded output  {}
15 logs  []
16 val 0 wei
```

1行目にexecution failedと記載しており、実行が失敗していることが分かります。実際に、Remix-IDEの画面を掲載したものが、図5-12になります。図5-11の画面と比べて、画面右下のターミナルに表示されているトランザクションの左にマークがバツ印になっています。視

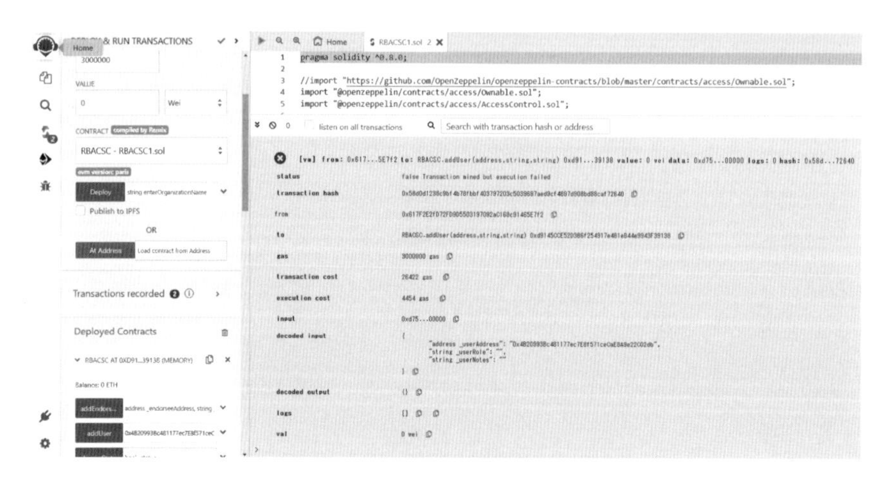

図 5-12　addUSER 関数の実行失敗

覚的にも実際に処理が失敗していることがわかります。

他の関数に関しても同様に、各関数のコードに何らかの修飾子を付けることで、各機能を利用できるユーザを柔軟に制御できます。このため、図 5-9 に示したような技術が、容易に実現できたことがわかりました。

5－4　データの信頼性としての基盤技術

ブロックチェーンは様々なデータに対する信頼を提供することも可能です。以下では AI の保護 [24]、科学技術への信頼 [25]、サプライチェーンでのトレーサビリティ [26] の 3 つを紹介します。

5－4－1　AI におけるデータ保護

いまの AI は、機械学習と呼ばれる手法に基づいており、大量のデータを用いた学習処理を必要としています（この機械学習の詳細については

4章でも述べましたので、本章では省略します)。機械学習の学習処理では不正なデータを混入させることで、モデル（すなわちAI）自体の品質劣化させること、あるいは、その結果としてモデルに脆弱性を仕込むことが可能です[27]。本書執筆中にもGoogleの研究者たちが、インターネット上でのデータ収集時に変なデータを混入させることで、AIの質を低下させるポイズニング攻撃が現実に可能になることも発表しました[28]。このため、AIに対する脅威は重要な課題として認識されつつあります。

これに対し、AIの学習過程をブロックチェーンを用いて管理する手法が注目されています[24]。このような手法ではデータを提供するユーザに誠実にデータ提供することでインセンティブを与えるとともに、モデルの更新時に用いたパラメータをブロックチェーンに格納することを目的とします。直観的には、データを誠実に提供するインセンティブを各データ提供者に与えることで、データ提供者の観点からはポイズニング攻撃に相当するようなデータを提供する利点を下げます。この結果として、変なデータを混入される可能性が減り、また、パラメータをブロックチェーンに格納することでいつの時点でモデルの性能が劣化したか透明性を担保できるようになります。

コラム　AIへの攻撃

AIの攻撃は現在は大きく4つに区分されます[29]。毒入れ攻撃はポイズニング攻撃あるいはバックドア攻撃とも呼ばれ、この4つに含まれる大きな枠組みとして知られています。これは前述したとおり、モデルの品質を劣化させることが攻撃の狙いにあります。他の攻撃としては、モデルが推論を誤るようにかく乱する敵対的サンプル[30]、モデルが学

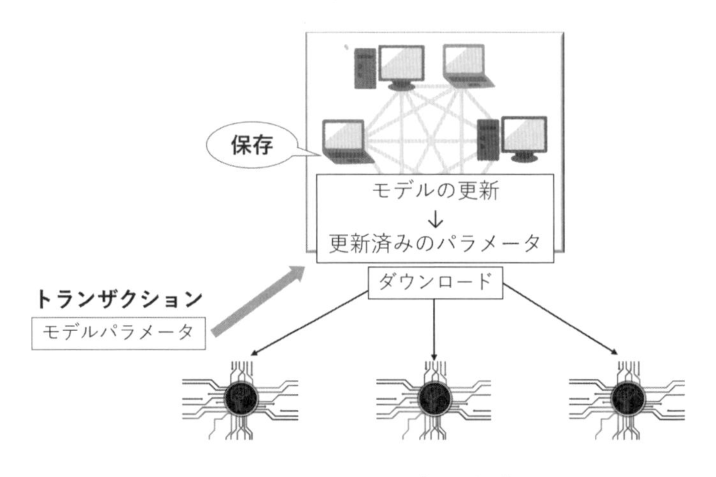

図 5-13 AI におけるデータ保護

習に用いたデータを推定するプライバシー推定 [31]、モデルの出力からモデルと同等の性能を得るモデル抽出攻撃 [32] が知られています。いま AI 自体のセキュリティとして、これらの脅威を明らかにすること、また、その対策の検討が盛んにおこなわれています。

5－4－2 科学技術の信頼への応用

2014 年、STAP 細胞という科学研究の信頼に大きな影響を与えた問題が起こりました。STAP 細胞が何かの説明はさておき、それ以降、学術研究は実験の再現性が強く求められるようになっています。ブロックチェーンには、このような科学技術の実験結果の再現性の確保にも着目されており、カリフォルニア大学サンディエゴ校が開発しているオープンサイエンスチェイン [25] はその実現例になります。

オープンサイエンスチェインは、データの識別子とその所有者情報をブロックチェーンに格納することで、ある時点における研究データの存在を証明するプラットホームです。また、何らかの実験によりデータに変化があるたびにその情報もブロックチェーンに格納することで、ブロックチェーンの透明性を通じて、その実験とデータを追跡することも可能です。これらのデータおよび実験の手法をブロックチェーンを通じて提供することで、科学技術の信頼を向上させることが期待できます。

なお、オープンサイエンスチェインでは、データそのものは書き込むことはせず、データの識別子と所在をブロックチェーンに書き込むことになります。これはデータそのもののブロックチェーンへの書き込みは負荷が高いことが挙げられます。

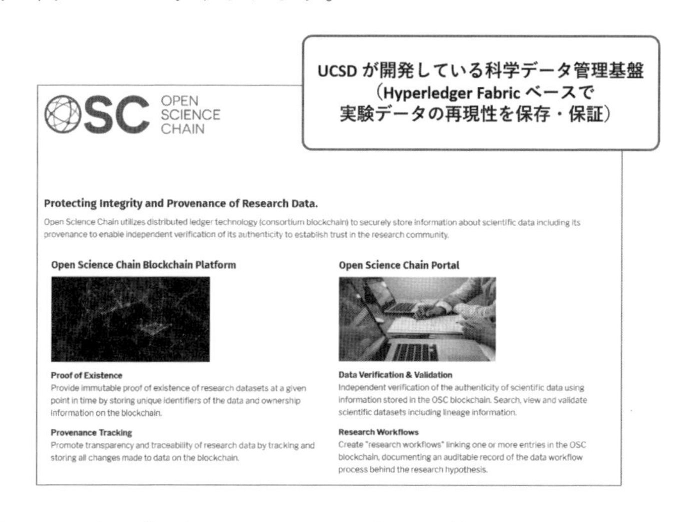

図 5-14　オープンサイエンスチェイン (https://opensciencechain.org/)

5－4－3　サプライチェーンでのトレーサビリティ

様々な製品を対象に、その製造から販売に至るまでの一連の流れを表すものがサプライチェーンです。近年では、このサプライチェーンにおいて、製品が実際にどのような流れを経たか追跡できるトレーサビリティの確保が重要な課題となっています。サプライチェーンでは一般に製造業者、卸売、小売業者など複数の業者が関与します。そのため、ある製品に関する作業日時や場所などを表すトレーサビリティデータもまた、複数業者を跨いで、サプライチェーンの上流から下流まで追跡できるようになっている必要があります。従来は何らかのICタグをつけ、各業者でICタグの情報を記録・読込することで、サプライチェーン上で追跡できるようにしていました。一方で、トレーサビリティデータの信頼性を保持するために、一度記録されたトレーサビリティデータは改ざんできないことが求められます。

整理をすると、サプライチェーンでの課題は、データを複数業者間で効率的に共有でき、かつ、データの改ざん耐性を保証することになります。いかにもブロックチェーンが適しているような課題です。このため、サプライチェーンでのトレーサビリティを保証する研究開発が様々に行われており、実際にIBM などはWalmart と共同で食品のトレーサビリティサービスを2018 年に開始しています [33]。

ブロックチェーンを用いてトレーサビリティを管理するシステムでは、各業者間がブロックチェーンのネットワークで接続され、各業者はトレーサビリティデータを直接ブロックチェーンに書き込むことを想定します [26]。これにより、データの改ざん耐性と透明性が保証されますが、その一方でブロックチェーンならではの課題として、トレーサビリティデータへの紐づけを如何に実現するかという新たな問題も発生します。

具体的には、ブロックチェーンは改ざんができないことに起因して、製品を製造過程で加工することで、ブロックチェーン上でのトレーサビリティの確保が難しくなってきます [34]。また、製品自体は物理媒体であるため、電子データであるブロックチェーンへは直接保存すること

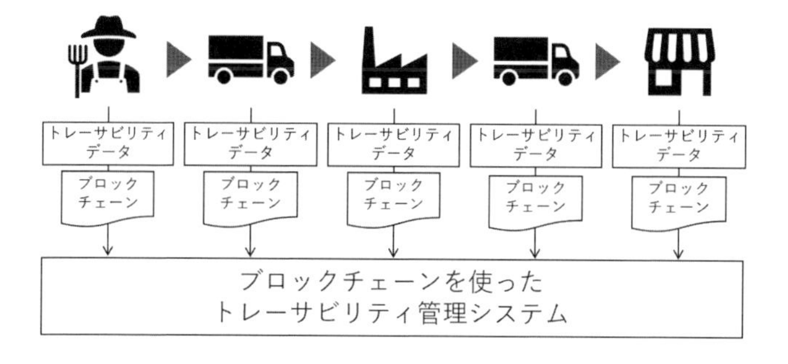

図 5-15　サプライチェーンでのトレーサビリティへの応用

ができません。このため、物理媒体である製品を如何にブロックチェーンに紐づけるかという問題もあります。3章で説明した非代替性トークンは物理媒体も扱うことができますが、あくまで所有権の管理が主な役割になります。つまり、製品の加工そのものに対しては、所有権の認識があいまいになるため、必ずしもサプライチェーンに適しているとは限りません。上述した課題は、製品にICタグをつけることで管理していた従来の方法では、認識されていなかった課題と言えます。このため、これらの課題をどのように扱うかが、サプライチェーンでのトレーサビリティにブロックチェーンを応用するうえでの重要課題となります。

5－5　活用事例

5－5－1　電力取引

従来の電気料金は、遠隔地にある大型発電所で発電された電気を各事業者・家庭に流通させる形式であり、その取引では電気の使用対価を電力会社に払うものでした。この電力取引において、ブロックチェーンの利用が注目されており、例えばわが国でも中部電力が2019年からブロックチェーンを利用した個人間電力取引の実証実験を行っています[5]。ブロックチェーンを用いることで、余剰電力の売買など、利用者が金銭的な価値を得られる点も注目されています。

ブロックチェーン技術を電力取引に応用する利点には以下のことが挙げられます [35]。まず、スマートメータなどの計測機器がある地点を起点として、電力取引を追跡できることです。また、ブロックチェーンの改ざん耐性により、取引情報を改ざんされること無く保存できます。加えて、ブロックチェーンに使用された公開鍵を通じて、実際のユーザの情報を知ることなく利用者の識別やサービスへの参加管理、また、複数の業者間での情報共有が容易に行えるようになります。一方で、電力取引数は数が多く、現状のブロックチェーン上ではまだまだ性能の改善が必要です。また、ヨーロッパでは個人データやプライバシーの保護に関して規定した GDPR (General Data Protection Regulation) では、データを使わなくなったときに事業者が個人情報を削除することが求められていますが、ブロックチェーン上に記録したデータは削除できないことから、まだまだ法律上・運用上から明らかにしないといけない課題は残っています。

コラム　従来の電力網の ICT 化との違い

これまでにもスマートグリッドのように、電力網と通信網を一体化することで、電力料金の効率的な管理と、それ以上の付加価値をねん出する研究開発は行われてきました。スマートグリッドでは主にスマートメータと呼ばれる通信機能を持った電力測定器を用いることで、リアルタイムでの電力管理を可能にしています。スマートメータでも余剰電

[5] https://www.chuden.co.jp/publicity/press/3271226_21432.html

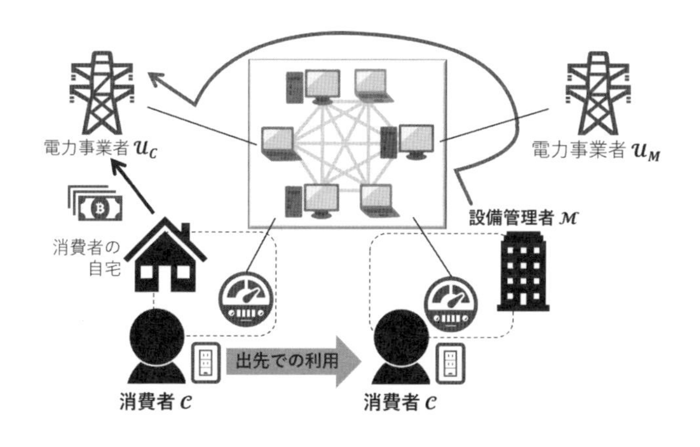

図 5-16　電力取引への応用

力の売買は行われていましたが、ブロックチェーンとのこれらの従来技術との違いは、やはりブロックチェーンの透明性と改ざん耐性です。例えばどこかの業者が不正をしたとしても、ブロックチェーンに記載された情報を確認することで、その不正を特定できます。このため、消費者および事業者双方にとって、より信頼できるサービスを提供できるようになります。

5－5－2　不動産権利の移転

3章で述べたNFTは、現実世界のものに関する所有権をブロックチェーンで管理するという技術でした。近年では、このNFTにより不動産を管理する実証実験が株式会社LIFULLによりすすめられており、例えば空き家の権利譲渡などに活用が期待されています[36]。

ブロックチェーンを用いた不動産の権利譲渡は以下のような流れで処理されます。ここでは前提として、何らかの権利証明ファイルが既に定義されているものとします。まず、不動産の権利用トークンとして、この権利証明ファイルのハッシュ値を含むNFTを作成します。これが不動産の所有権を表します。不動産の権利を譲渡する際は、譲渡元から譲渡先へNFTを移転するトランザクションを送ります。この譲渡先のユーザは移転されてきたトランザクションの値を含む権利証明ファイルを新たに生成すれば、譲渡完了です。実際に上述した手法により空き家の譲渡を推進できたという報告がなされています[36]。

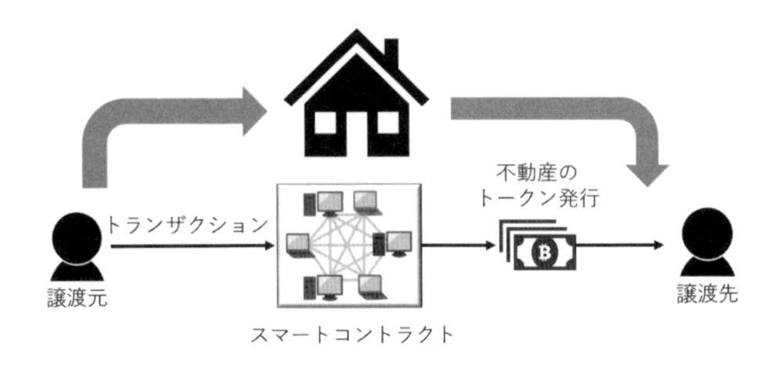

図 5-17　不動産権利の譲渡

これらの技術が登場した背景には少子高齢化社会により日本全国で空き家が増えてきたということがあります。従来は大型の資金を運用することでリノベーションや他用途への転用をしていましたが、現実には大型の資金を運用することが、そもそもコストの大きな活動になります。これに対し、ブロックチェーンは運用コストを下げることが可能です。例えば、スマートコントラクトで決済を自動化すること、また、トークンを発行・分配・配当などを自動的に行うことで、不動産への投資を心理的に行いやすくなるという付随効果も得られます。本質的には、3章でも述べた、NFT によるメディアアートの売買と同じような効果が得られているのだと考えられます。

5－5－3　教育への応用

ブロックチェーンは教育にも利用されています。著者が定常業務として行っている教育研究もその一環になりますが、ここでいう教育とは、就学に付帯するサービスの提供や学習履歴の証明書を意味します [37]。

例えばリトアニアの企業である BitDegree[6] は Ethereum で利用できるトークンとして、「BitDegree (BDG)」を独自に作成することで、奨学金を提供しています。図 5-18 は BitDegree の実際の画面です。画面上部に現在のレートが記載されており、また、「Education」のタブからどのコースを受講できるか選べるようになっています。この奨学金の資金源はスポンサー企業の出資であり、BitDegree のプラットホーム上で学習するユーザに奨学金が提供されています。コースは暗号技術とブロックチェーン技術以外にも、プログラミングやデータサイエンスなど、様々なコンテンツが提供されています。このコンテンツは所得に関係なく技術を習得でき、また、学習してほしいコンテンツにより高いインセンティブがつくなど、学習者がより多くの恩恵を受けられる奨学金として期待されています。

他にも、学習履歴の保証にもブロックチェーンは使われています。例えばアメリカでは、Blockcerts[7] というパブリックブロックチェーン上に就学した証明書を保存するサービスがあります。これもやはりブロックチェーンの透明性と改ざん耐性により、学習履歴の詐称を防ぐものとして注目されています。実際にマサチューセッツ工科大学では 2017 年から一部の修了者に修了証明書を発行しています。これは例えば卒業後に修了証明書が必要になったとしても、大学と書面を交わすことなく柔軟に証明書が獲得できるなど、非常に便利な技術と言えます。

---

[6] https://www.bitdegree.org/
[7] https://www.blockcerts.org/

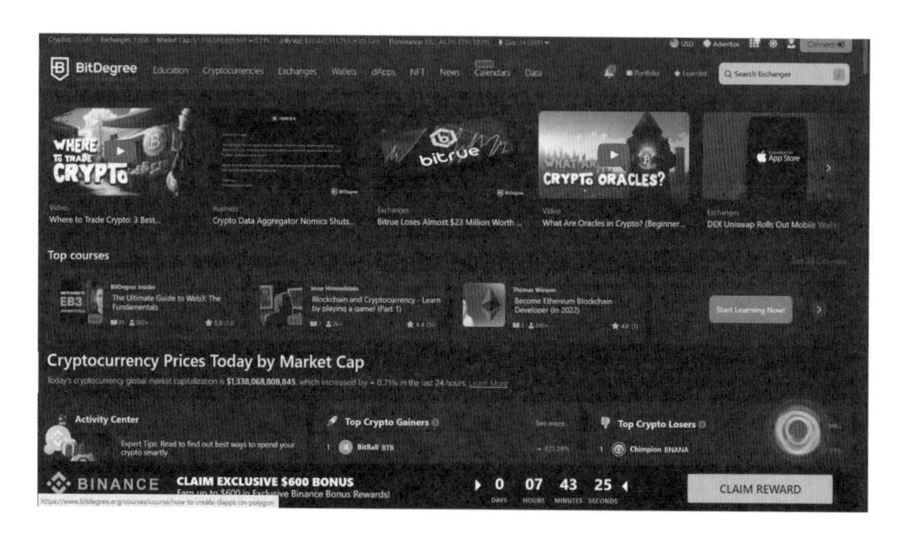

図 5-18　BitDegree のプラットホーム（画像は BitDegree から転載）

我が国においてもソニー・グローバルエデュケーション株式会社がブロックチェーンを用いた e ラーニングの開発を進めています [37]。現在の e ラーニングは所属していた学校や会社から受講した証明書を取得する必要がありますが、ブロックチェーンを用いることで、その取得も柔軟になります。現在は実証実験がすすめられている段階にあり、イベントへの参加証明や小中学校での学習状況の証明書などが発行されています。

5－6　サイバー犯罪での事例

ブロックチェーンは暗号資産に関わる応用技術として利用されるため、その金銭的な側面をめぐる犯罪に利用される事例が多く発生しています。とくにスマートコントラクトを踏み台に行われることも多く、このようなコントラクトは犯罪用スマートコントラクトと呼ばれています。

犯罪用スマートコントラクトは犯罪を促進するために作成されるスマートコントラクトであり、2015年にその理論が提唱されました[38]。犯罪用スマートコントラクトはコントラクトが取る振る舞いの違いにより、「秘密の漏えい」、「鍵コンプロマイズ」、「パスワード搾取」、「通話カード犯罪」の4種類に大別されます。詳細は割愛しますが、「秘密の漏えい」、「鍵コンプロマイズ」、「パスワード搾取」は、ある犯罪者がスマートコントラクトを介して、コントラクトの作成者や買い手に情報を渡すことで、犯罪者間で報酬を与える役割を持ちます。一方、「通話カード犯罪」では、犯罪者の依頼者と実行者の間で、犯罪の実行依頼とその成功報酬をコントラクトを介してやり取りします。これらの犯罪用スマートコントラクトと、4章で紹介した脆弱性を持つスマートコントラクトは大きく異なります。まず犯罪用スマートコントラクトでは、コントラクト自体が能動的に犯罪にかかわる取引を行うように開発されています。一方、脆弱性を持つコントラクトは、その脆弱性を攻撃者に踏み台にされてしまうだけで、能動的に犯罪に関与するわけではありません。これまでの研究は脆弱性を持つコントラクトへの対策が中心に進められていましたが、今後は犯罪用スマートコントラクトを対象とするような研究が中心になることが予想されます。

以降では、スマートコントラクトを通じた犯罪の具体例として、4章で取り上げたようなスマートコントラクト内の脆弱性を利用した攻撃と、犯罪者のビジネスにおける利用、また、詐欺行為という3種類の事例について紹介します[39]。

表 5-1　スマートコントラクトに関する代表的な犯罪例 [39]

事件名	日付	コントラクト名	被害額
DAO Attack	2016/06/17	The DAO	78 億円
Parity multisignature	2017/07/19	Multisignature wallet	40 億円
Parity multisignature	2017/06/11	Multisignature wallet	360 億円
Lendf.Me	2020/04/19	DeFi	32 億円

5－6－1　スマートコントラクトの脆弱性を踏み台にした攻撃

スマートコントラクトでは、莫大な暗号資産を扱うこともありえます。例えば、Ethereum で最も多くの金額を抱えているコントラクトでは、400 万ドルほどの価値があると言われています [40]。このような状況を攻撃者の観点から考えると、スマートコントラクトそのものを攻撃することで多大な利益を得られる可能性があると言えます。このため、脆弱性を踏み台にして攻撃する事件も多く、The DAO 事件はその最も代表的な例と言えます [41]。The DAO は Ethereum のスマートコントラクトであり、4 章で紹介したリエントランシー脆弱性を踏み台に、約 52 億円が搾取されました。The DAO 事件は 2016 年に発生しましたが、その後も毎年のように多額な暗号資産の損失が起きています。事件例を表 5-1 に示します（この表は文献 [39] に詳細にまとめられていますので、興味のある読者はぜひこの文献を読んでみてください）。これらの額は本書執筆時点での為替相場によるものであり、実際の価格とは異なりますが、それでもとても大きな影響があることが分かると思います。

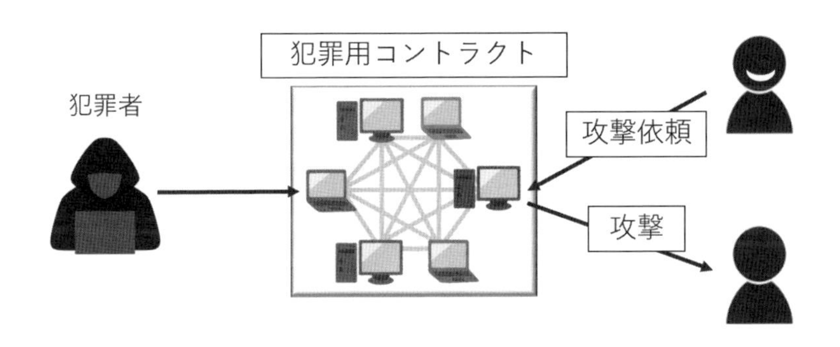

図 5-19　犯罪者のビジネス

5－6－2　犯罪者によるビジネスとしての利用

犯罪者間で行う取引において、第三者機関を挟むことは、犯罪者にとってのリスクがかえって高まります。その理由は、犯罪者のビジネスでは取引を保証する第三者機関として正当な機関を用いることができないことに起因して、むしろビジネスに跨る第三者機関そのものが詐欺を行う可能性があるからです。このため、犯罪者間でのビジネスは、むしろ危険が付きまとうと言えます。その一方、スマートコントラクトをはじめとするブロックチェーンの利点により、ユーザは第三者機関を介さず、信頼を担保した取引を行うことができるようになりました。このため、犯罪者同士が盗んだ情報の売買や、犯罪の依頼とその報酬の取引をスマートコントラクトを介して行う可能性もあります。

5－6－3　詐欺行為としての利用

フィッシングを始めとする詐欺行為において、スマートコントラクトを利用するケースも増加しています。例えば、スマートコントラクトで保有しているトークンの移行が必要となる状況において、ユーザが偽のサイトに誘導されてしまうことです。このとき、そのサイトを通じて接続されるコントラクトが悪意のあるもので、トークンが盗まれてしまうことなどが考えられます。近年では、攻撃者がこの特性を利用してフィッシング等の詐欺行為を行う可能性も指摘されています。

また、犯罪者が著名なアーティストの作品を転用および改変することでNFT を発行し、マーケットプレイスに出品するフェイクNFT と呼ばれる手法も知られています。これはNFT の偽造あるいは盗作にあたる攻撃であり、ユーザはその作品を本物と誤って認識してしまい購入することが起こりえます。

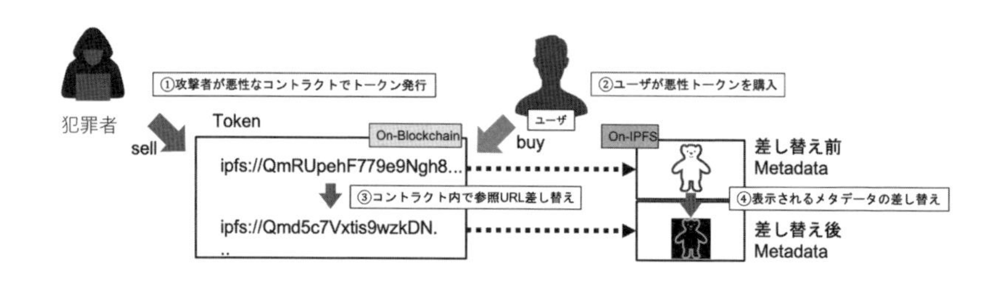

図 5-20　詐欺行為

参考文献

[1] 知念 祐一郎, 芦澤 奈実, 矢内 直人, クルーズ ジェイソン ポール. スマートコントラクト――ブロックチェーンからなるプログラミングプラットホーム――. 電子情報通信学会　通信ソサイエティマガジン, 14(1):26–33, 2020.

[2] Y. Series. Global information infrastructure, internet protocol aspects and next-generation networks. *ITU-T Recommendation Y*, 2012.

[3] M. Gimenez-Aguilar, J. M. de Fuentes, L. Gonzalez-Manzano, and D. Arroyo. Achieving cybersecurity in blockchain-based systems: A survey. *Future Generation Computer Systems*, 124:91–118, 2021.

[4] R. Guo, H. Shi, Q. Zhao, and D. Zheng. Secure attribute-based signature scheme with multiple authorities for blockchain in electronic health records systems. *IEEE Access*, 6:11676–11686, 2018.

[5] D. Hofman, C. Shannon, B. McManus, V. Lemieux, K. Lam, S. Assadian, and R. Ng. Building trust & protecting privacy: Analyzing evidentiary quality in a blockchain proof-of-concept for health research data consent management. In *Proc. of iThings and GreenCom and CPSCom and SmartData 2018*, pages 1650–1656. IEEE, 2018.

[6] R. Tas and Ö. Ö. Tanriöver. A systematic review of challenges and opportunities of blockchain for e-voting. *Symmetry*, 12(8):1328, 2020.

[7] 林 哲史. ブロックチェーンによる電子投票がつくば市で実施，処理能力向上や iot 対応に向けた次世代ブロックチェーンも続々登場. FUJITSU Journal, 2018.

[8] I. A. Omar, R. Jayaraman, K. Salah, M. Debe, and M. Omar. Enhancing vendor managed inventory supply chain operations using blockchain smart contracts. *IEEE Access*, 8:182704–182719, 2020.

[9] S. Matsumoto and R. M. Reischuk. IKP: Turning a PKI around with decentralized automated incentives. In *Proc. of IEEE S&P 2017*, pages 410–426. IEEE, 2017.

[10] C. Karlof and D. Wagner. Secure routing in wireless sensor networks: attacks and countermeasures. *Ad Hoc Networks*, 1(2):293–315, 2003.

[11] Y.-C. Hu, A. Perrig, and D. Johnson. Ariadne: a secure on demand routing protocol for ad hoc network. In *Proc. of MobiCom 2002*, page 12–23.ACM, 2002.

[12] G. Ramezan and C. Leung. A blockchain-based contractual routing protocol for the internet of things using smart contracts. *Wireless Communications and Mobile Computing*, 2018:4029591:1–4029591:14, 2018.

[13] M. Saad, A. Anwar, A. Ahmad, H. Alasmary, M. Yuksel, and D. Mohaisen. Routechain: Towards blockchain-based secure and efficient BGP routing. *Computer Networks*, 217:109362, 2022.

[14] H. Kojima, N. Yanai, and J.-P. Cruz. ISDSR+: Improving the security and availability of secure routing protocol. *IEEE Access*, 7:74849–74868, 2019.

[15] L. Anderegg and S. Eidenbenz. Ad hoc-vcg: A truthful and cost-efficient routing protocol for mobile ad hoc networks with selfish agents. In *Proc. of MobiCom 2003*, pages 245–259. ACM, 2003.

[16] S. Zhong, J. Chen, and Y. Yang. Sprite: a simple, cheat-proof, credit-based system for mobile ad-hoc networks. In *PRoc. of INFOCOM 2003*, volume 3, pages 1987–1997 vol.3. IEEE, 2003.

[17] H. Yih-Chun and A. Perrig. A survey of secure wireless ad hoc routing. *IEEE Security & Privacy*, 2(3):28–39, 2004.

[18] H. Lazrag, A. Chehri, R. Saadane, and M. D. Rahmani. Efficient and secure routing protocol based on blockchain approach for wireless sensor networks. *Concurrency and Computation: Practice and Experience*, 33(22):e6144, 2021.

[19] S. Rajasoundaran, S. Kumar, M. Selvi, S. Ganapathy, R. Rakesh, and A. Kannan. Machine learning based volatile block chain construction for secure routing in decentralized military sensor networks. *Wireless Networks*, 27(7):4513–4534, 2021.

[20] S. Awan, N. Javaid, S. Ullah, A. U. Khan, A. M. Qamar, and J.-G. Choi. Blockchain based secure routing and trust management in wireless sensor networks. *Sensors*, 22(2):1–24, 2022.

[21] J. P. Cruz, Y. Kaji, and Y. Naoto. RBAC-SC: Role-based access control using smart contract. In *IEEE Access (Volume: 6)*, pages 12240–12251. IEEE, 2018.

[22] R. S. Sandhu, E. J. Coyne, H. L. Feinstein, and C. E. Youman. Role-based access control models. *Computer*, 29(2):38–47, 1996.

[23] A. T. T. Whitepaper. The costs of managed PKI. https://silo.tips/download/the-costs-managed-pki.

[24] J. Weng, J. Weng, J. Zhang, M. Li, Y. Zhang, and W. Luo. Deepchain: Auditable and privacy-preserving deep learning with blockchain-based incentive. *IEEE Transactions on Dependable and Secure Computing*, 18(5):2438–2455, 2021.

[25] S. Sivagnanam, V. Nandigam, and K. Lin. Introducing the open science chain: Protecting integrity and provenance of research data. In *Proc. of PEARC 2019*, ACM, 2019.

[26] 古家 直樹, 長谷川 学, 小坂 忠義, 薦田 憲久. 分割ルートハッシュ方式を用いたブロックチェーン利用トレーサビリティ管理システム. 電気学会論文誌C（電子・情報・システム部門誌）, 141(10):1101–1114, 2021.

[27] T. Gu, K. Liu, B. Dolan-Gavitt, and S. Garg. BadNets: Evaluating backdooring attacks on deep neural networks. *IEEE Access*, 7:47230–47244, 2019.

[28] N. Carlini, M. Jagielski, C. A. Choquette-Choo, D. Paleka, W. Pearce, H. Anderson, A. Terzis, K.Thomas, and F. Tramèr. Poisoning web-scale training datasets is practical. *CoRR*, abs/2302.10149, 2023.

[29] 森川 郁也. 機械学習セキュリティ研究のフロンティア. 電子情報通信学会基礎・境界ソサイエティ Fundamentals Review, 15(1):37–46, 2021.

[30] C. Szegedy, W. Zaremba, I. Sutskever, J. Bruna, D. Erhan, I. J. Goodfellow, and R. Fergus. Intriguing properties of neural networks. In *Proc. of ICLR 2014*, 2014.

[31] X. Zhang, C. Chen, Y. Xie, X. Chen, J. Zhang, and Y. Xiang. A survey on privacy inference attacks and defenses in cloudbased deep neural network. *Computer Standards & Interfaces*, 83:103672, 2023.

[32] F. Tramér, F. Zhang, and A. Juels. Stealing machine learning models via prediction APIs. In *Proc. of USENIX Security 2016*, pages 601–618. USENIX Association, 2016.

[33] IBM. About IBM food trust. https://www.ibm.com/downloads/cas/8QABQBDR, 2019.

[34] M. Westerkamp, F. Victor, and A. Küpper. Blockchain-based supply chain traceability: Token recipes model manufacturing processes. In *2018 IEEE International Conference on Internet of Things (iThings) and IEEE Green Computing and Communications (GreenCom) and IEEE Cyber, Physical and Social Computing (CPSCom) and IEEE Smart Data (SumartData)*, pages 1595–1602. IEEE, 2018.

[35] 大串 康彦. ブロックチェーン 3.0: 国内外特許からユースケースまで= *Blockchain 3.0*, chapter P2P 電力取引の現状と課題. エヌ・ティー・エス, 2020.

[36] 松坂 維大. ブロックチェーン 3.0: 国内外特許からユースケースまで= *Blockchain 3.0*, chapter ブロックチェーンを用いた不動産権利の移転. エヌ・ティー・エス, 2020.

[37] 高橋 恒樹. ブロックチェーン 3.0: 国内外特許からユースケースまで= *Blockchain 3.0*, chapter ブロックチェーン技術を活用した学習履歴・証明書管理. エヌ・ティー・エス, 2020.

[38] A. Juels, A. Kosba, and E. Shi. The ring of gyges: Using smart contracts for crime. *aries*, 40:54, 2015.

[39] 五十嵐 太一, 松浦 幹太. スマートコントラクトにおけるセキュリティに関する調査. SCIS2023 論文集, 2023.

[40] T. Chen, R. Cao, T. Li, X. Luo, G. Gu, Y. Zhang, Z. Liao, H. Zhu, G. Chen, Z. He, et al. Soda: A generic online detection framework for smart contracts. In *NDSS*, 2020.

[41] N. Atzei, M. Bartoletti, and T. Cimoli. A survey of attacks on ethereum smart contracts (SoK). In *Proc. of POST 2017*, volume 10204 of *LNCS*, pages 164–186. Springer, 2017.

6
むすび

6 − 1　本書の振り返り

本書では全部で 5 章から、ブロックチェーンの基礎知識からスマートコントラクトの応用技術まで広く紹介しました。今一度、本書の内容について、振り返ります。

まず 1 章では、ブロックチェーンが登場した背景と、本書の位置づけについて紹介しました。

次に、2 章ではブロックチェーンの基礎知識として、ハッシュ関数と公開鍵暗号などの基盤となる暗号技術から、ブロックチェーンのネットワークなど、その基礎となる技術を述べました。また、ブロックチェーンはどういう利用が望ましいかについても述べています。

3 章はスマートコントラクトの最大手のプラットホームである Ethereum スマートコントラクトの基礎知識について、統合開発環境である Remix-IDE の使い方を交えて紹介しました。また、NFT などトークン化技術についても紹介することで、Ethereum スマートコントラクトが掲げるセキュリティ上の問題点を紹介しました。

4章はEthereumスマートコントラクトの脆弱性について、とくに高級言語であるSolidityでのプログラミングについて、解説しました。また、脆弱性の対策をするツールについても簡単に紹介しました。

それから、5章はスマートコントラクトのセキュリティ技術への応用を紹介しました。スマートコントラクトは今や電子商取引だけではなく、様々な応用ができる本当の意味での「賢い技術」になっていることが理解できたと思います。

最後に、本章ではブロックチェーンの今後に関する著者の見解を述べます。これからブロックチェーンの研究を志す人の参考になれば幸いです。

6－2　ブロックチェーンのこれから

ブロックチェーンは今後も様々な分野で検討が進んでいくと思います。著者の見解では、起源は暗号技術としての電子現金でしたが、すでにブロックチェーンはセキュリティ技術の枠すら飛び越え、新たなインフラとしての地位を確立しつつあります。しかし、ブロックチェーンにはまだまだ解決しなければならない課題があります。以下に、それぞれの課題について紹介します。

6－2－1　量子計算機

1つ目の問題は量子計算機の存在です。量子計算機は昨今ではIBMが量子計算クラウド[1]を公開するなど、社会の注目が非常に高い技術です。量子計算機が実用化された暁には、現在の公開鍵暗号は破られてしまうことがすでに知られています。これはブロックチェーンにも大き

[1] https://quantum-computing.ibm.com/

く影響します。各 EOA において、そのアカウントが利用している秘密鍵が暴かれてしまうからです。一方、現在使われている暗号技術を実際に破ることができるような量子計算機の登場は、まだ時間がかかるものと考えられています。これまでに量子計算機で計算できた例は、RSA 暗号の基盤となる素因数分解問題において、15 の素因数分解ができたのみです [1]。実際の RSA 暗号で用いられている素因数分解は 600 桁以上の数が対象であり、少なくとも現時点では暗号技術を破ったとは言える性能でありません。その一方で、量子計算機の完成を見積もることは難しいと言われています。これは穿った見方をすると、突然どこかのタイミングで実用化のめどがついてしまうという可能性もあり得るわけです。このため、量子計算機が実用化にこぎつける前に、ブロックチェーンとしても対策を導入しなければなりません。

暗号技術の研究開発では量子計算機に対しても安全性を保証できる耐量子計算機暗号の検討が進んでいます。2016 年にはアメリカ国立標準技術研究所 (National Institute of Standards and Technology, NIST) が耐量子計算機暗号の標準化策定を宣言し、2022 年には何点かの方式が耐量子計算機暗号としての暗号化方式およびディジタル署名として選定されました。今後はこれら耐量子計算機暗号の方式を導入することで、量子計算機が登場しても安全なブロックチェーン技術を構築していく必要があります。

6－2－2　法律上の扱い

ブロックチェーンの応用として様々な技術が登場していますが、これらに関する法律上あるいは運用上の扱いについても、大きな問題となります。例えば、5 章では電力取引への応用を紹介しましたが、その節でも述べたとおり、一部の法律とは相性がよくありません。我が国でも個人情報保護法第22条により、「個人情報取扱事業者は、利用目的の達成に必要な範囲内において、個人データを正確かつ最新の内容に保つとともに、利用する必要がなくなったときは、当該個人データを遅滞なく消去するよう努めなければならない。」という規定があります。重要な点は「遅滞なく消去する」という個所です。繰り返しになりますが、ブロックチェーンに記録したデータは削除ができないため、個人情報保護とは矛盾することになります。仮にデータを削除できるようなブロックチェーンが今後登場したとして、その引き換えにデータの透明性が損なわれてしまいます。このため、ブロックチェーンを導入する一番のモチベーションとなる「データへの信頼」もまた、失われかねないわけです。社会におけるブロックチェーンの活用と普及を推進するためには、このような法律上の扱いをどうすべきか、国としての仕組みから考えることも求められます。

6－2－3　様々な暗号通貨の調査

本書では主にEthereum スマートコントラクトについて触れましたが、最初の暗号通貨であるビットコインはもちろん、国内外を問わず多くの企業が参入したことで、既に100種以上の暗号通貨が存在しています。これらの中には安全性が厳密に調査されておらず、何かのインシデントをきっかけに大きな経済的影響を及ぼすものがいる可能性も否定できません。世界中の研究者が各種暗号通貨の安全性調査を進めていますが、新たな暗号通貨の登場はそれよりも目覚ましく、網羅的な調査を行うには至っていません。2011年のオランダ・デジノター社などサイバー攻撃を受けたことが原因で倒産してしまった会社も過去にありますが、ブロックチェーンは被害が金銭的側面に直結しているため、インシデントにより経営に大きな影響を及ぼす企業の存在も考えられます。

このため、ビットコインやEthereum などはもちろん、市場規模の大小を問わず様々な暗号通貨の調査を行うことは必須と言えるでしょう。

6－3　謝辞

本書の執筆は1年間をかけて行われました。この執筆にあたり、特に感謝している人物はクルーズ・ジェイソン・ポール (Cruz, Jason Paul) 博士です。クルーズ博士との出会いがブロックチェーンとの出会いを著者にもたらしてくれました。彼と共に研究した5年間で得た成果は、本書の執筆においても様々な個所で活用されています。クルーズ博士との出会いがなければ、この本もまた仕上がっていなかったと思います。

また、本書の執筆においては随時助言と応援をいただいた科学情報出版・水田浩世氏にも感謝しています。1年間にわたる執筆の中、励ましの言葉をいただいたおかげでとうとうこの謝辞の執筆まで到達できました。ここに深く感謝を表します。

参考文献

[1] 高安 敦. Shor のアルゴリズム実装動向調査. CRYPTREC EX-3005-2020, 2020.

索　　引

著者紹介

左から、矢内 直人・岡村 真吾・加道 ちひろ

矢内 直人（やない なおと）

2009年、一関工業高等専門学校・専攻科生産工学専攻・修了。2011年、筑波大学大学院・システム情報工学研究科・博士前期課程了。2014年、同大学院・博士後期課程了。博士（工学）。学位論文は一貫して暗号理論の研究に従事。2014年から大阪大学・大学院情報科学研究科・助教、2021年から同大学院・准教授、現在に至る。現職・大阪大学に着任以降は情報セキュリティの教育活動も広く手掛け、2017年には第1回大阪大学賞（教育部門）を受賞。2017年からJST・ACT-I事業・研究代表者、2021年からCREST事業・主たる共同研究者として、それぞれ研

究課題が採択。AIおよびブロックチェーンのセキュリティなど最新技術のセキュリティを研究活動に従事。2015年にCSS2015優秀論文賞、2020年に辻井重男セキュリティ論文賞特別賞、2021年にThe Third ACM International Symposium on Blockchain and Secure Critical Infrastructure (BSCI 2021) Best Paper Awardなど各賞受賞。2022年には国内初のブロックチェーンセキュリティ専門の会議BWS委員長に就任するなど、学会方面でも多数活動。

加道 ちひろ（かどう ちひろ）

2022年、大阪大学基礎工学部情報科学科卒業。2023年現在、同大学情報科学研究科博士前期課程に所属する。学位論文でスマートコントラクトの脆弱性に関する研究を行う。博士前期課程では、引き続き同テーマについての研究に従事している。

岡村 真吾（おかむら しんご）

2023年5月現在、奈良工業高等専門学校情報工学科サイバーセキュリティ教育研究部門准教授、大阪大学大学院情報科学研究科招へい准教授、奈良県警察サイバーセキュリティ対策アドバイザー。1998年3月大阪府立工業高等専門学校電子情報工学科卒業、2005年3月大阪大学大学院情報科学研究科マルチメディア工学専攻博士後期課程修了、博士（情報科学）（大阪大学）。2005年4月に大阪大学サイバーメディアセンターに着任後、大学院情報科学研究科を経て、2008年10月から奈良工業高等専門学校情報工学科。暗号プロトコルや認証認可技術などの暗号の応用に関する研究を行うと共に、高専から大学院におけるサイバーセキュリティ人材育成に従事。電子情報通信学会、情報処理学会、電気学会、IEEE、ACM、IACRの各会員。

●ISBN 978-4-910558-10-3
信州大学　千田 有一　著

設計技術シリーズ

Pythonで実践する制御工学

―現代制御の基礎と演習―

定価3,960円（本体3,600円+税）

発行／科学情報出版（株）

●ISBN 978-4-910558-15-8

和歌山大学　中嶋 秀朗　著

エンジニア入門シリーズ

ゼロからはじめるSLAM入門

―Pythonを使いロボット実機で実践！ROS活用まで―

定価3,520円（本体3,200円+税）

発行／科学情報出版（株）

●ISBN 978-4-904774-98-4
徳島大学　北 研二・西村 良太・松本 和幸　著

エンジニア入門シリーズ

―Pythonでゼロからはじめる―

AI・機械学習のためのデータ前処理［入門編］

定価2,530円（本体2,300円+税）

発行／科学情報出版（株）

●ISBN 978-4-910558-01-1

徳島大学　北 研二・松本 和幸・吉田 稔・獅々堀 正幹・大野 将樹　著

設計技術シリーズ

—Pythonでデータサイエンス—

AI・機械学習のためのデータ前処理［実践編］

定価2,640円（本体2,400円+税）

1章　序章
1.1　前処理の概要
1.2　プログラムの実行環境

2章　高度な前処理技術
2.1　カテゴリカルデータから数値データへの変換
2.1.1 One-hotエンコーディング／2.1.2 そのほかのエンコーディング手法／2.1.3 特徴量ハッシング／2.1.4 エンティティ埋め込み
2.2　不均衡データの扱い
2.2.1 オーバーサンプリングとアンダーサンプリング／2.2.2 クラスに対する重みづけ
2.3　時系列データの扱い
2.3.1 窓付き統計値／2.3.2 タイムゾーンの変換／2.3.3 データの粒度の変換／2.3.4 時系列データにおける欠損値の穴埋め

3章　テキストデータの前処理
3.1　日本語テキストデータ前処理の流れ
3.2　日本語テキストデータの準備
3.3　文字コード変換
3.4　文章の切り出し
3.5　分かち書きと形態素解析
3.6　単語以外の切り分け単位
3.6.1 バイグラム／3.6.2 単語に依存しない分割
3.7　単語IDへの変換
3.8　文ベクトルの生成
3.9　機械学習の利用
3.9.1 gensim／3.9.2 潜在ディリクレ配分法／3.9.3 サポートベクトルマシン／3.9.4 単語分散表現／3.9.5 ニューラルネットワークへの入力

4章　画像データにおける前処理
4.1　深層学習を用いた画像認識システム
4.1.1 従来の画像認識システム／4.1.2 深層学習モデルの導入／4.1.3 ニューラルネットワーク／4.1.4 勾配降下法による最適化／4.1.5 スケーリングによる前処理
4.2　畳み込みニューラルネットワーク
4.2.1 CNNの構成／4.2.2 畳み込み層／4.2.3 プーリング層／4.2.4 全結合層／4.2.5 CNNの実装例
4.3　画像データに対するデータ拡張
4.4　ファインチューニング
4.4.1 ファインチューニングCNN／4.4.2 VGG16の構成／4.4.3 サンプルプログラム

5章　音声・音楽データの前処理
5.1　リサンプリング
5.2　音量の正規化
5.3　チャネルのモノラル化
5.4　スペクトルサブトラクション
5.4.1 実験用のデータセット／5.4.2 観測信号の生成／5.4.3 スペクトルサブトラクションによる雑音除去／5.4.4 スペクトルサブトラクション型ウィナーフィルタ
5.5　調波打楽器音分離

発行／科学情報出版（株）

●ISBN 978-4-910558-16-5

早稲田大学　吉岡 信和・鷲崎 弘宜
北陸先端科学技術大学院大学　内平 直志　著
武蔵大学　竹内 広宜

設計技術シリーズ

AIプロジェクトマネージャのための機械学習工学

定価3,300円（本体3,000円+税）

第１章　AIシステムの開発概論

1.1 概要／1.2 機械学習を活用したAIシステムがなぜ注目されているか？／1.3 AIシステムの具体例／1.4 機械学習の種類と説明可能性／1.5 機械学習を使う場面／1.6 AIシステムの構成とそのライフサイクル／1.7 AIプロジェクトの利害関係者と協働作業／1.8 機械学習特有の活動／1.9 従来のソフトウェア開発との違い／1.10 AIシステムを開発、運用する際の課題／1.11 AIシステム開発プロジェクトにおける課題のインタビュー／1.12 機械学習工学とは？／1.13 機械学習工学の重要性／1.14 AIシステムの開発・運用時の留意点／1.15 本書で用いる用語／1.16 本章のまとめ／コラム1：開発技術に関する研究コミュニティ：機械学習工学研究会

第２章　AIシステムの要求工学

2.1 概要／2.2 要求工学とAIシステム／2.3 AIシステムの要求／2.4 要求に関するプロセスとAIシステムのプロセス／2.5 AIサービスの要求工学の難しさ／2.6 セーフティを実現する難しさ／2.7 AIシステム要求の獲得と分析／2.8 AIシステム要求の記述／2.9 AIシステム要求の妥当性と一貫性の確認／2.10 AIシステム要求の管理と運用時の要求／2.11 本章のまとめ

第３章　機械学習システムのアーキテクチャと設計

3.1 概要／3.2 機械学習システムの開発プロセスと設計／3.3 機械学習システム設計の基礎／3.4 機械学習システムデザインパターン／3.5 パターンを組み入れた段階的なアーキテクチャ設計／3.6 本章のまとめ／コラム2：機械学習システムのテストと検証

第４章　AIプロジェクトのマネジメント

4.1 概要／4.2 機械学習システム開発のプロジェクトマネジメントの特徴／4.3 通常のＩＴシステムの開発と機械学習システムの開発の違い／4.4 機械学習システム開発のプロジェクトマネジメントの難しさ／4.5 人間と機械の協働と機械学習システムの深化プロセス／4.6 機械学習システム開発のプロジェクトマネジメント手法／4.7 ＡＩプロジェクトマネジメント事例／4.8 本章のまとめ／コラム3：AI 人材の育成と課題

第５章　AIプロジェクトにおけるステークホルダとの協働

5.1 概要／5.2 なぜAIプロジェクトをモデルとして表現するのか？／5.3 エンタープライズアーキテクチャとAIサービスシステム／5.4 AIプロジェクトモデル／5.5 AIプロジェクトモデルの作成手法／5.6 企画段階におけるAI プロジェクトの評価―社会受容性に着目した評価―／5.7 開発を効果的に進めるための知識のモデル化／5.8 本章のまとめ

第６章　機械学習工学の展望

6.1 概要／6.2 学術界の動向／6.3 要求工学に関する研究チャレンジ／6.4 今後の研究の方向性／6.5 本章のまとめ

発行／科学情報出版（株）

エンジニア入門シリーズ
ブロックチェーンの基礎からわかる
スマートコントラクトのセキュリティ入門

2023年8月26日　初版発行

著　者　矢内 直人／加道 ちひろ／岡村 真吾　©2023

発行者　松塚 晃医
発行所　科学情報出版株式会社
〒300-2622 茨城県つくば市要443-14 研究学園
電話　029-877-0022
http://www.it-book.co.jp/

ISBN 978-4-910558-21-9　C3004